Keine Handys, keine E-Mails, keine Festplatten:
ÖVP tritt den Amish bei

Die besten Tagespresse-Meldungen 2021

DiETAGESPRESSE

Keine Handys, keine E-Mails, keine Festplatten:
ÖVP tritt den Amish bei

Die besten Tagespresse-Meldungen 2021

Residenz Verlag

Hinweis

DiE **TAGESPRESSE** ist ein österreichisches Satiremagazin. Ausnahmslos alle Artikel sind frei erfunden. Im Regelfall werden nur Personen, die in der Öffentlichkeit stehen, beim Namen genannt. Alle anderen Namen sind frei erfunden. Eventuelle Namensgleichheiten mit Privatpersonen sind rein zufällig.

Bibliografische Information der Deutschen Nationalbibliothek
Die Deutsche Nationalbibliothek verzeichnet diese Publikation in der Deutschen Nationalbibliografie; detaillierte bibliografische Daten sind im Internet über http://dnb.dnb.de abrufbar.

www.residenzverlag.at

© 2021 Residenz Verlag GmbH
Salzburg – Wien

Alle Rechte, insbesondere das des auszugsweisen Abdrucks und das der fotomechanischen Wiedergabe, vorbehalten.

Umschlaggestaltung und grafische Gestaltung / Satz:
Joe P. Wannerer – BoutiqueBrutal.com
Umschlagbilder: Tagespresse; Depositphotos (M); Peter Nicholls / Reuters / picturedesk.com; LUKAS HUTER / APA / picturedesk.com

Schrift: Utopia
Lektorat: Maria-Christine Leitgeb
Gesamtherstellung: Samson Druck GmbH

ISBN 978 3 7017 3534 1

Vorwort

Liebe Abonnentin, lieber Abonnent,

wenn Sie dieses Buch aufschlagen, sind Sie leider schon tot. Sie glauben uns nicht? Doch, es stimmt. Ihr Puls, Ihr Atem, die Familie an Ihrer Seite – nur noch Fake. Wir sind alle bereits an der Impfung gestorben (Quelle: FPÖ TV).

Wären wir noch am Leben, könnte im neuen Jahr alles endlich anders, schöner, besser werden: Wir könnten noch miterleben, wie Frank Stronach als Bundespräsident Österreich in ein glorreiches Frank-Reich umwandelt (Quelle: APA). Wir könnten live dabei sein, wenn Andreas Hanger sich bei allen öffentlichen Auftritten als Satiriker zu erkennen geben muss. Doch leider sind wir ja mausetot.

So also bleibt uns nur der Blick aus dem Jenseits, hinein ins neue Jahr. War 2021 bereits ein Jahr der Extreme (tennisballgroße Hagelkörner, tennisballgroße FPÖ-Chefs), so wird 2022 laut Komplexitätsforschern noch extremerererer. Dabei beginnt im Jänner alles noch ganz normal: mit Feuerwerken, Böllern und einer brennenden Strache-Yacht vor Biograd.

Im Februar verkündet dann Finanzminister Gernot Blümel, dass er spontan wieder Vater geworden ist. Seine Frau wird mit einem Kinderwagen für Zehnlinge beim Spazieren gesichtet.

Im April präsentiert Herbert Kickl ein ärztliches Attest, mit dem er interne Kritiker und Verschwörungstheoretiker ruhigstellt: Das Ergebnis seines IQ-Tests war zum Glück negativ. Endlich gute Nachrichten für den von Kinderlähmung und Masern angeschlagenen Parteichef.

Ärger erwartet uns im Juli. Experten befürchten einen Lockdown, wenn sich nicht zumindest 50 Prozent der Menschen ihre siebte Auffrischungsimpfung gegen die Omega-Mutation (auch „Loco-Variante" genannt) holen. Viele Impfmuffel haben noch nicht einmal ihre fünfte.

Die Grünen finden im Herbst endlich wieder ihr Rückgrat. Sie lassen sich von der ÖVP nicht mehr über den Tropenholz-Tisch ziehen, sondern nur mehr über den Zirbenholztisch aus nachhaltigem regionalen Anbau mit Klimaneutralitätszertifikat.

Um sich vor den heftigen Protesten gegen den Lobautunnel zu verstecken, beginnt der Wiener Bürgermeister Michael Ludwig im nächsten Winter schließlich mit dem Bau eines Tunnels unter der Lobau. Kostenpunkt: 100 Millionen Euro für den Bau, 1 Milliarde für Inserate in SPÖ-nahen Medien.

Ein spannendes Jahr steht Österreich also wohl bevor. Doch auch Komplexitätsforscher können sich irren, und sicherlich erkennen auch Sie den großen Logikfehler dieses Vorworts: Wenn alle Geimpften tot sind, wie können dann Gernot Blümel oder Michael Ludwig noch die Geschicke der Nation leiten? Müssten die nicht auch tot sein? Darum: Glauben Sie eine Meldung auch in Zukunft erst, wenn Sie diese in der **TAGESPRESSE** lesen.

Herzlich
Fritz Jergitsch, Sebastian Huber und Jürgen Marschal

WELT   7. Januar 2021

Schon wieder: Demokratieversuch in britischer Ex-Kolonie endet im Bürgerkrieg

Foto: SAUL LOEB / AFP / picturedesk.com

Die Geschichte wiederholt sich: Nach Irak, Palästina, Zypern, Jemen, Indien, Sudan und Uganda ereilt jetzt die nächste ehemalige britische Kolonie ihr unvermeidbares Schicksal. Das Dritte-Welt-Land „USA", das zwischen Mexiko und Kanada liegt, schlitterte gestern in den Bürgerkrieg. Historiker fragen, wann die Briten endlich aus ihrer Geschichte lernen.

WASHINGTON – Groß waren die Hoffnungen, als die USA vor nicht einmal 250 Jahren ihre Unabhängigkeit von den Briten erklärten. Doch das zarte Pflänzchen der Demokratie wurde gestern wie schon so oft davor von einer wütenden Meute, aufgehetzt von einem nationalistischen Warlord, totgetrampelt.

Der faschistische Diktator Donald Trump, offensichtlich ein Fantasiename, rief seine schwer bewaffneten Anhänger in einer psychopathischen Rede auf, das improvisierte „Parlament" zu stürmen. Die unzureichenden Stützpfeiler der Demokratie – ein Drehkreuz am US-Kapitol und ein Donut essender Polizist, der mit den Putschisten Selfies machte – können die Meute nicht stoppen.

Die Nachrichtenlage ist chaotisch, die Behörden verhängten eine Ausgangssperre. Zu allem Überfluss wütet in den USA derzeit eine tödliche Seuche, die das schwer unterentwickelte Gesundheitswesen heillos überfordert und sich ungezügelt ausbreitet, da die Bevölkerung die Wissenschaft ablehnt und lieber auf wirren Voodoo-Zauber wie „Jesus Christus" oder „die unsichtbare Hand des Marktes" vertraut.

Verfehlte Kolonialpolitik
„Unsere fehlgeleitete Kolonialpolitik fällt uns jetzt auf den Kopf", warnt die britische Historikerin Jane Brighton. „Wir dürfen solche primitiven Hinterwäldler nicht ihrem eigenen Schicksal überlassen und hoffen, dass sie selbst eine so hochentwickelte Demokratie entwickeln wie unsere", sagt sie und verabschiedet sich aus dem Zoom-Call, weil das Internet seit dem Brexit rationiert werden muss.

Militärische Intervention?
Der Irak denkt als erster Staat offen über eine militärische Intervention und den Sturz des US-Diktators nach. „Die USA haben Massenvernichtungswaffen gelagert, ein antidemokratischer Psychopath hat die Nuklear-Codes, wir können hier nicht länger zuschauen", so der irakische Intellektuelle Saddam Hussein. Serbien und Afghanistan signalisierten ihre Zustimmung und wollen jetzt Blauhelme nach Washington entsenden.

Hoffnung
Zumindest einen Teilerfolg konnte die amerikanische Polizei verbuchen, der Hoffnung macht: Es kam während des Putsches zu null Beschädigungen von Mistkübeln durch Black-Lives-Matter-Demonstranten. Während des Sturms auf das Kapitol kesselten 4000 Polizisten, drei Kilometer entfernt, rechtzeitig eine verdächtige 16-jährige Schülerin mit Martin-Luther-King-Shirt ein.

Kurz besorgt
In Österreich blickt man besorgt auf den Unruheherd USA. Kanzler Sebastian Kurz findet die richtigen Worte: „Die Bilder schockieren mich. Man darf Faschisten nie bewaffnet ins Parlament eindrin-

gen lassen, man rollt ihnen den roten Teppich aus und regiert mit ihnen." Er will noch heute persönlich im Kapitol anrufen, um den Aufstand zu beenden.

POLITIK   7. Januar 2021

Neun Millionen Pappaufsteller von Kurz angekommen: Impfungen können endlich starten

Foto: Koen van Weel / ANP / picturedesk.com (M)

Dass Österreich Corona-Impfdosen bunkert, anstatt sie schnellstmöglich zu verabreichen, sorgte in der Öffentlichkeit für Empörung. Doch eine Impfung darf laut Gesetz nur unter Anwesenheit von Kanzler Sebastian Kurz persönlich stattfinden. Die jetzt verfügbaren neun Millionen Pappaufsteller lösen dieses Problem.

WIEN – „Lassen wir die dunkle Zeit der Triage hinter uns. Jetzt kommt die Kartonage", verkündet Gesundheitsminister Rudolf Anschober bei seiner täglichen 10-Uhr-Pressekonferenz, während er hinter zehn Kartontaferln mit Infografiken, einem Babyelefanten-Aufsteller und zwanzig lebensgroßen Sebastian-Kurz-Pappfiguren versucht, hüpfend Blickkontakt mit den anwesenden Journalisten herzustellen.

Eilverfahren
Dank der im Eilverfahren von der WCO (World Cardboard Organisation) zugelassenen Pappaufsteller muss der Bundeskanzler nicht mehr bei jeder einzelnen Impfung persönlich anwesend sein. Ein Foto einer Pappkopie reicht nun aus, um die Spritze in Bewegung zu setzen. „Oberste Priorität haben jetzt Altersheime", erklärt eine Ärztin, während sie fünfzig Pappaufsteller in den Bingoraum einer Seniorenresidenz in Tulln schiebt. Schon ab Februar sollen alle Menschen über 65 jeweils zehn Aufsteller per Post zugeschickt bekommen.

Gute Qualität
Führende Wissenschaftler wie Dr. Xaver Haiden zeigen sich begeistert von den Kurz-Pappfiguren: „Wow, verblüffend echt, wie das Original: überhaupt kein Profil, liegt biegbar", lächelt der Arzt und streift mit seinen Fingern über einen der nur fünf Millimeter dünnen, eindimensionalen Aufsteller.
 Auch im Gesundheitsministerium frohlockt man. „Ist es nicht beeindruckend, was die moderne Wissenschaft zu leisten imstande ist?", lobt Anschober und gibt einem Kurz-Pappkameraden einen Klaps auf die Schulter, worauf alle zwanzig umfallen und den Gesundheitsminister unter sich begraben.
 Trotz anfänglicher Skepsis gelten die Kurz-Pappaufsteller aus medizinischer Sicht als absolut sicher. „Die Pappfiguren wurden in der Phase-III-Studie an über 30 000 JVP-Mitgliedern getestet. Alle zeigten die typischen, leichten Nebenwirkungen wie untertäniges Winseln, vermehrten Speichelfluss und durch die freudige Erregung bedingtes Harnlassen", versichert Dr. Haiden.

Logistische Herausforderung
Doch der Transport und die Lagerung der Kurz-Pappaufsteller sind aufwändig. „Sie müssen auf minus siebzig Grad gekühlt werden, um keine schweren Nebenwirkungen wie Empathie zu verursachen", erklärt Dr. Haiden weiter. „Außerdem müssen sie permanent von Kamerablitzlicht bestrahlt werden, sonst implodieren sie."

Neben der Auslieferung gilt es vor dem Impfstart allerdings noch weitere Herausforderungen zu meistern. So herrscht derzeit ein akuter Mangel an Fachpersonal, das die Pappfiguren richtig bedienen kann: „Uns fehlen mindestens noch 800 000 Pressefotografen", seufzt eine ÖVP-Mitarbeiterin. „Wir planen jetzt eine Bildungsoffensive und wollen so rasch wie möglich Pflegepersonal auf Intensivstationen zu PR-Beratern umschulen."

WELT   11. Januar 2021

„Keiner Schuld bewusst ich bin": Aschbachers Dissertationsbetreuer verteidigt sich

Foto: Tagespresse

Nach der Aufregung um die Dissertation von Christine Aschbacher geht jetzt ihr Betreuer in die Offensive. Meister Yoda wagt den Schritt an die Öffentlichkeit und weist alle Vorwürfe zurück.

BRATISLAVA/DAGOBAH – „Keiner Schuld bewusst ich bin", erklärt der 900 Jahre alte Jedikrieger und Professor an der TU Bratislava, wo er innovative Führungsstile in großen Unternehmen und interplanetaren Allianzen am Maschinenbau-Institut unterrichtet. *„Wenn die Analysten in ihre Zimmer kamen, die sie erwartet haben, um den Computer zu berühren'* – ein schöner Satz das ist", freut sich Yoda und blättert durch Aschbachers wissenschaftliches Monumentalwerk.

Den Vorwurf der Vetternwirtschaft will Prof. Meister Yoda ebenfalls nicht gelten lassen: „Ich nur flüchtig kenne Aschbachers Frau. Eine undefinierbare Spezies vom äußeren Rand des Sluis-Sektors bin ich, eine Klonkriegerin vom Typ JVP-RD0815 sie ist. Möge sein, wir begegnet uns seien zwei-, dreimal beim JVP-Clubbing am Todesstern, nicht mehr aber."

Scheitern
Doch der altehrwürdige Professor hat nicht nur positive Erfahrungen mit Österreichern gemacht. Schon viele Wissenschaftskarrieren hat er auch scheitern sehen. „Der Tod ein natürlicher Bestandteil des Lebens ist", seufzt der Meister, während er eine Jus-Seminararbeit von Sebastian Kurz mit dem Titel *Harry Potter und der Gefangene von Askaban* korrigiert. „Bildung immer noch leider verfügbar nicht für alle gleich. Planet Meidling in Galaxie Waldviertel Problem großes."

Hoffnung
Aschbacher kündigte jedenfalls am Samstag ihren Rücktritt an. In einer bewegenden Rede erklärte sie: „Ich möchte meine Familie schützen und hoffe, durch den Rückzug aus dem öffentlichen Leben dem weiteren Erfolg meiner Partei nicht im Weg zu stehen. Ich bin hier das Opfer, das war eine Falle von Kriminellen, dieses scheußliche Video. Ich habe mir nie etwas zuschulden kommen lassen, so wahr ich HC heiße."

Viele Angebote
Die steirische Ex-Arbeitsministerin kann sich nun vor Angeboten aus der Privatwirtschaft aber kaum retten: „Der Copyshop auf der Währinger Straße will mich, der auf der Praterstraße auch, Mariahilfer sowieso, und und und … Ich könnte sofort an jedem Xerox anfangen."

Aschbacher will es nun aber im Ausland versuchen, wie ihr Büro mitteilt. Sie wechselt noch diese Woche zu Google Translate, wo sie als Übersetzungs-Bot arbeiten wird. „Wir gefreut uns, dass sie gekommen geworden USA-Amerika", so Google-CEO Sundar Pichai. Der Google-Aktienkurs stieg vorbörslich um 7,6 Prozent an.

Das Googleplex im kalifornischen Mountain View ziert seit heute Vormittag ein Wandtattoo mit einem inspirierenden Zitat von Aschbacher. Bei der gemeinsamen Morgenmeditation wiederholen Tausende Google-Angestellte mantrahaft ihre weisen Worte: „Jede Führungskraft muss sein, der positiv denkt nehmen sie Smart-Risiken, schnellen Ausfall an und geben sie nicht auf – dranbleiben." Gänsehaut pur!

POLITIK   13. Januar 2021

Vorbild Tschernobyl: WHO fordert Beton-Sarkophag über Tirol

Foto: Tim Porter/CC

Genug ist genug! Schon zum zweiten Mal seit Beginn der Pandemie macht Tirol alles richtig und reißt Österreich in den Abgrund. Nachdem britische Skilehrer in Jochberg positiv auf die hochansteckende B117-Mutation getestet wurden, fordert die WHO Konsequenzen. Ein Beton-Sarkophag über das gesamte Bundesland soll die Menschheit vor den Tirolern schützen.

JOCHBERG – Ein Virologe im Schutzanzug stapft einen Steilhang hinauf. Der Geigerzähler in seiner Hand schlägt plötzlich wild aus. „Bis zu 300 Milligramm Marillenschnaps in der Luft, Vorsicht, ich glaube, wir kommen den Skilehrern schon näher." Alle weiblichen Mitglieder der Expedition müssen ab diesem Punkt Astronautenhelme tragen. Eine marktübliche FFP2-Maske würde der übergriffigen Kussattacke eines ausgewachsenen Skilehrers nicht standhalten.

Tatsächlich finden wir kurz darauf, gut versteckt hinter einer riesigen Werbetafel mit der Aufschrift „Hüttengaudi, Pistenspaß, jetzt im ‚Seminar'-Hotel buchen, zwinker zwinker!", eine geöffnete Skischule, eine Ski-FH, eine Hundeskischule, Hunderte prallvolle Gondeln und ein ganzes Bundesland, das seit fast einem Jahr erhöhte Corona-Werte ausstößt – und das trotz Wissen der Behörden.

Hoffnungen geplatzt
„Wir haben gedacht, die kilometerdicke Steinschicht schützt uns vor einer Ausbreitung von Corona", erklärt der Ischgler Virologe und Seilbahnbetreiber Peter M. Ramharter und zeigt auf die Berge, die das Bundesland umgeben und seit jeher von Katastrophen wie Sozialdemokratie oder Feminismus abschotten. Doch die letzten Tage zeigen: Ein Sarkophag ist unausweichlich, denn die Infektionsrate ist zu hoch. Für ein geregeltes Runterfahren des Skibetriebes ist es aber zu spät, wie Landeshauptmann Günther Platter zugibt: „Wenn die Saison erst einmal gestartet ist, kann man sie nicht mehr beenden. Eine Unterbindung der Kettenreaktion Skipass-Kaufen – Wedeln – Après-Ski würde zur Katastrophe führen: einer umgehenden Implosion der Nächtigungszahlen."

Sarkophag
Mehrere Meter dicker Beton soll deshalb nun ganz Tirol einschließen und für mehrere Generationen verschwinden lassen. Die Tiroler haben für den Sarkophag bereits große Pläne, wie Platter erzählt: „Wir werden ihn zu einer Skihalle umfunktionieren. Buchungen ab sofort möglich."

Mittlerweile interessiert sich die ganze Welt für das kleine, gottesfürchtige Bundesland. HBO sichert sich die Rechte an dem

Stoff. Nach dem Überraschungshit „Chernobyl" erscheint 2022 die Miniserie „Ischgl", in der die geistige Kernschmelze der österreichischen Regierung und des Landes Tirol minutiös nachgezeichnet wird.

Wien besorgt
Die neue Mutation sorgt aber auch in Wien für Sorgenfalten. Auf die Verbreitung des hochinfektiösen Virenstammes in einem Seniorenheim reagierte man bereits, beruhigt Bundeskanzler Sebastian Kurz: „Uns blieb leider keine Wahl. Ab sofort gilt ein striktes Skifahr-Verbot in allen Seniorenheimen." Es sind weitsichtige Entscheidungen wie diese, die den Staatsmann Kurz weit über die Landesgrenzen hinaus nach Europa strahlen lassen wie Tschernobyl im Jahr 1986.

POLITIK 14. Januar 2021

Schichtbetrieb an Schulen: Lehrer kommen am Vormittag, Schüler am Nachmittag

Am 25. Jänner werden endlich die Schulen wieder öffnen. Um unnötige Kontakte zu vermeiden, wird der Unterricht gestaffelt stattfinden: Die Lehrer kommen vormittags, die Schüler nachmittags. Eine weitere kreative Lösung von Bildungsminister Heinz Faßmann in einer besonders fordernden Situation.

WIEN – 7:50 Uhr, Pilotversuch an der HTL Spengergasse. „Anzengruber? Abwesend. Arslan? Abwesend. Braun? Abwesend. Mahmoud? Immer noch im Dschihad. Na gut, dann lass ma das." Musiklehrer Dominik Vogler klappt das Klassenbuch zu und schenkt sich für jeden fehlenden Schüler ein Stamperl Nussschnaps ein. „Endlich muss i nimma während der Stunde dringend was ‚kopieren' gehen, um ein Schluckerl zu trinken." Er nimmt seine von Heinz Faßmann bereitgestellte FFP2-Maske – eine Serviette mit dem Aufdruck „Frohe Weihnachten" – ab und ext den ersten Schnaps.

Ein bisschen Normalität
Damit die Arbeitszeit der Lehrer auch ohne Schüler wie gewohnt abläuft, schaut in der dritten Schulstunde der Schulwart kurz in den Klassen vorbei, um die Lehrer zu mobben. „Frau Fessor, Sie sind ur die gestörte Terror-MILF, das sag ich meiner Mama und die klagt Ihnen Ihr lächerliches 1200-Euro-Gehalt aus'm Leib, das verdient die Mama an einem Tag in der Kanzlei!", schreit der 57-jährige Schulwart nach vorne und nimmt einen Lungenzug von seinem Vape-Pen. Der Englischlehrerin kommen die Tränen: „Ah, endlich wieder soziale Kontakte mit Pubertierenden, wie sehr hab ich das vermisst."

Schichtwechsel
Gegen 13 Uhr verlassen die Lehrer das Gebäude, denn die ersten Schüler treffen ein. Gelangweilt steckt Kevin (14) einen Mitschüler kopfüber in den Mistkübel. „Irgendwie fehlt da der Kick, wenn man weiß, man wird eh nicht erwischt", sagt er traurig. „Stimmt, man merkt, du bist heute nicht ganz bei der Sache, Kevin. Das ist sicher der lange Lockdown. Willst du drüber reden?", brummt eine Stimme aus dem Mistkübel. Es sind Szenen, die den Zusammenhalt unter den jungen Menschen in der Krisenzeit zeigen.

„Was die Eltern betrifft, haben wir ebenfalls auf Schichtbetrieb umgestellt", freut sich Faßmann. „Wenn die sich beschweren wollen wegen Schulnoten oder der Maskenpflicht, dann können sie das täglich ab 4 Uhr früh bei diesem Fachlehrer hier tun", erklärt der Minister und hievt einen ranzigen Medizinball auf den Tisch.

Schwierige Umsetzung
Doch wann können wir endlich wieder zur Normalität zurückkehren? Faßmann sieht hier Licht am Ende des Tunnels und beruhigt: „Die Skikurse können auch jetzt schon wie geplant stattfinden. Vielleicht kann in Westösterreich sogar der Regelunterricht langfristig in Gondeln verlegt werden, da dort drinnen die Personenanzahl ja im Prinzip egal ist. Und vom Platz her haben wir ja auch bisher schon 35 Schüler in Acht-Quadratmeter-Klassen sehr gut unterbringen können."

Selbsttests
Um bald zum Präsenzunterricht zurückkehren zu können, sollen sich Schülerinnen und Schüler bald auch selbst testen können. „Fünf Millionen Selbsttests wurden bereits bestellt", erklärt Faßmann und teilt an die Schüler Mathe-Schularbeiten und Blanko-Zeugnisse aus, in denen Schüler ihre Ergebnisse selbst eintragen können. Die 15-jährige Nicole grinst verschmitzt, doch wenige Stunden später vergeht ihr das Lachen: „Ich hab mir leider einen Fünfer geben müssen, alles andere wäre den Klassenkollegen gegenüber ungerecht gewesen."

Ein weiterer erfolgreicher Tag für Bildungsminister Faßmann. Zufrieden geht er mit einem Kamerateam durch die HTL Spengergasse. Er hat das Unmögliche möglich gemacht: Die Gesundheit aller zu gefährden, ohne dabei unabsichtlich Wissen zu übertragen.

POLITIK   20. Januar 2021

Endlich wieder Weltspitze: Österreich meldet höchste Impfrate bei Bürgermeistern

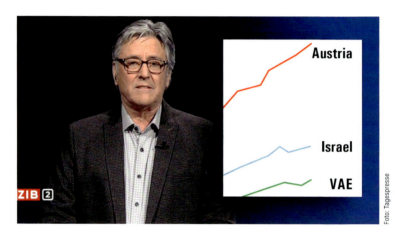

Foto: Tagespresse

Österreich ist endlich wieder Musterschüler. In keinem Land der Welt ist die Durchimpfungsrate unter Bürgermeistern so hoch wie hierzulande. Die beeindruckenden Zahlen gehen um die Welt und richten den gebeutelten Nationalstolz wieder auf. DiE TAGESPRESSE begleitet die mutigen Pioniere auf ihrem Weg durch die Impfstraße.

ÖSTERREICH – Es ist kein leichter Tag für den Feldkircher Bürgermeister Wolfgang Matt. Er wird beschuldigt, ein Impfschleicher zu sein. Dabei ist alles ganz anders. „Ich war am Abend wie ein ganz normaler Mensch in der Bettenstation des Seniorenheims spazieren und habe mich sehr defensiv verhalten, um von keinem Rollator überfahren zu werden. Dann hat mich die hundertjährige Fussenegger Mitzi, eine amtsbekannte Raserin, mit ihrem E-Rollator gestreift, und ich bin unglücklicherweise in die Nadel der Ärztin reingefallen, die gerade die letzte Impfdosis in den Mistkübel spritzen wollte. Ich war da einfach zur falschen Zeit am falschen Ort."

Wer den Impfschaden hat, braucht für den Spott nicht zu sorgen. Auch anderswo müssen sich Bürgermeister dem wütenden Mob stellen. Wieso er sich, seine Ehefrau, seine drei Kinder, seine fünf Affären und sieben Cousins impfen lassen hat? „Es geht hier um die Vorbildwirkung", rechtfertigt sich auch der steirische Bürgermeister Hubert Obermaier aus Unterhintervoppen. „Wir müssen älteren Menschen vermitteln, dass die Impfung sicher ist! Und sobald im September wieder ein Packerl nachkommt, könnts ihr Systemirrelevanten euch dann eh auch impfen lassen, versprochen ist versprochen."

Schulterschluss
Ob SPÖ, ÖVP oder FPÖ: Politiker über alle Parteigrenzen hinweg reichen sich in Krisenzeiten die Hände und drängen sich gemeinsam vor. „Der nationale Schulterschluss ist bei uns schon Realität. Es geht jetzt darum, dass wir als Politiker geschlossen gegen die Bevölkerung auftreten", versichert Bürgermeister Rupert Gschafthuber aus der Gemeinde Klein-Inzestlingen, während er mit seinem Mercedes G mehrere Senioren im Rollstuhl zur Seite schiebt und im Foyer eines Altersheimes parkt.

„Seids es wahnsinnig? Des Jaukerl schiaßt dir direkt den Bill Gates ins Hirn, sog amoi lests ihr ned de Gemeinde-Telegram-Gruppn? Gib her des Teifelszeig, i werd's kontrolliert entsorgen." Der wohltätige Politiker steckt sich die Spritze rasch in seinen Oberarm und schließt genüsslich die Augen.

Unkonventionell
Public-Health-Experte Valentin Fetz begrüßt die unkonventionelle Strategie: „Bürgermeister sind kritische Infrastruktur. Unsere Gesellschaft ist ein riesiger Kreislauf, der sofort zusammenbricht, wenn niemand mehr da ist, um die Kreisverkehre zu eröffnen."

Doch der Alleingang der Gemeinden sorgt in Wien für Irritation. Bundeskanzler Sebastian Kurz bremst die Impfdrängler ein: „Das macht mich wütend und sehr zornig. In Österreich geht nichts ohne Vorschrift! Wir erarbeiten gerade eine Pyramide, die genau regelt, wer wann impfen darf."

Auch der grüne Vizekanzler Werner Kogler begrüßt das „Zero Waste"-Impfkonzept.

Welt neidisch

In Israel schaut man neidisch auf die kleine Alpenrepublik. „So geht das!", herrscht Benjamin Netanjahu bei einer eilig einberufenen Sitzung des Krisenstabs seine Generäle an. In den USA zog Präsident Donald Trump sogar persönliche Konsequenzen und verkündete heute seinen Rücktritt. Einmal mehr hat es Österreich der ganzen Welt gezeigt.

WELT   22. Januar 2021

Nicht mehr reichster Mann der Welt: Jeff Bezos kauft FFP2-Maske in Apotheke

Foto: Heinz Pirki/Wikipedia (M)

So schnell kann es gehen. Nachdem Jeff Bezos gestern in einer Apotheke in Wien eine FFP2-Maske akquirierte, staunte er nicht schlecht über den Stückpreis. Bezos fällt im Ranking der reichsten Menschen der Welt nun weit zurück.

WIEN – „Ich war gerade beruflich hier in Wien, die Programmierer vom Kaufhaus Österreich haben ein Seminar gegeben, wie man erfolgreich einen Online-Shop aufzieht", erklärt Jeff Bezos und bindet einem Amazon-Sherpa seine Notizen auf den Rücken. „Dann wollte ich in der Apotheke ‚Heilige Maria Mutter Gottes oida meints ihr das ernst' eine FFP2-Maske kaufen."

Doch dann ging alles ganz schnell, Bezos wurde überrumpelt: „Die Apothekerin meinte plötzlich, die Maske macht Ausschläge, ich brauch deswegen auch diese Vichy-Salbe und zur Absicherung noch ein Reinigungsgel von Louis Widmer, und ihr Mann schwört außerdem auf die Schüsslersalze P1 und B117 gegen die fettige Haut von der Salbe, die brauch ich auch, dann noch Aspirin gegen die Kopfschmerzen von den Salzen, Magenschutz für das Aspirin und Nierenschutz für den Magenschutz, und Blasentabletten, damit der

ÖSTERREICHS SERIÖSESTE ONLINEZEITUNG

Nierenschutz wieder ausgeschieden wird, und sechs Xylitol-Kaugummi pro Stunde, um den bestialischen Metallgeschmack der Tabletten wegzukriegen."

Jetzt ist der Amazon-Chef so gut wie pleite. Traurig setzt er sich auf seine Kutsche aus Amazon-Arbeitern und fährt über den Gürtel zu seinem Airbnb. Nun heißt es, den Gürtel enger zu schnallen.

Unbezahlbares Gut

Während die preisgünstigen Masken in Supermärkten zur Neige gehen, verlangen Apotheken immer noch horrende Preise. „Die Gesundheit des Menschen ist ein unbezahlbares Gut", lächelt der Pharmazeut Andreas Feichtinger. „Also wirklich wortwörtlich."

Von Medikamenten alleine könne heute schon längst keine Apotheke mehr überleben, erzählt Feichtinger: „Man muss da als pharmazeutischer Dienstleister in die Tiefe gehen, dort drüben haben wir jetzt auch homöopathische Delfinhodenessenzen gegen erektile Dysfunktion um nur 49,99, und hier haben wir trockene Augen-Tränen von einsamen Pandabären um lächerliche 89,99 pro zehn Milliliter. Und um das Immunsystem zu booten, empfehlen wir täglich vier Tropfen Lederhosenschweiß von Andreas Gabalier."

Kein Entkommen

Feichtinger träufelt sich manisch lächelnd das Präparat in den Mund. Mehrere Kunden gehen langsam rückwärts aus der Apotheke, um zu entkommen. Aber die Schiebetür bleibt geschlossen. „Darf's noch was sein", sagt der Apotheker und treibt die Kunden in einer Ecke zusammen. „Wir hätten gegen Sodbrennen jetzt ein ganz tolles natürliches Produkt um nur 129,99: frisches Nerz-Sperma aus Dänemark, ich hol's Ihnen mal."

Mehr Ungemach

Zur Aufmunterung will sich der ehemalige Milliardär Bezos eine Jause aus der Bäckerei gönnen. „Was? Zwei Millionen Euro und 17 Prozent Anteile an Amazon, nur für dieses glutenfreie Roggenbrot aus dem Pulkautal?", schreit Bezos entsetzt aus seiner selbstfahrenden Sklavensänfte heraus, während ihm eine Joseph-Brot-Mitarbeiterin lächelnd den Kofferraum befüllt. Jetzt ist er endgültig ganz unten angekommen.

LEBEN   22. Januar 2021

Dreist: Rollstuhlfahrer stellt sich auf Bürgermeister-Parkplatz

Es sind Fotos, die wütend machen: Im Tiroler Ödipus stellte sich heute ein Rollstuhlfahrer mit seinem Auto auf einen Bürgermeister-Parkplatz. Das rücksichtslose Verhalten des Mannes sorgt für Aufregung im ganzen Land, denn der Bürgermeister war auf dem Weg zu einem wichtigen Impftermin.

ÖDIPUS – Tatort Tirol. Der Vorfall erschüttert die bisher so friedliche Gemeinde heute bis tief ins Mark. Zeugen werden vom Kriseninterventionsteam betreut, Polizisten brechen weinend zusammen, die Cobra legt dem Täter Handschellen an. „Was für ein krankes Hirn schikaniert einen Bürgermeister!", seufzt ein Polizeibeamter.

„Wir haben nicht ohne Grund die Bürgermeister-Parkplätze direkt beim Eingang platziert", erklärt die Filialleiterin des betroffenen Supermarktes neben dem Altenheim, in dem die erlösende Impfung auf den Politiker wartet.

„Die meisten von ihnen tun sich schwer beim Gehen, sie schwanken schon in der Früh lallend herum, als würden sie die Welt nur im Tunnelblick sehen. Es muss die schwere Last unser aller Sorgen sein, die diese Bürgermeister täglich mit sich rumschleppen. Ich mein, schwere Entscheidungen zu treffen, wie ob der neue Kreisverkehr jetzt Tulpen bekommt oder Rosen, das ist ein Druck, mit dem können nicht alle umgehen."

Gefasst
Doch wie geht es dem Opfer? Wir treffen Rudi Tschernik, 51, Bürgermeister der seelenlosen 9000-Seelen-Gemeinde Ödipus am Wurzwurzen, im Barraum seiner Skischule. Er bittet eine Schwangere aufzustehen und setzt sich auf ihren Platz. Tschernik atmet tief durch und reagiert gefasst: „Dieses respektlose Verhalten von denen da unten gegenüber den Stärksten der Gesellschaft steht leider auf der Tagesordnung."
Er wolle kein Mitleid, sondern mehr Möglichkeiten, ein selbstbestimmtes Leben zu führen. Denn das Leben als Bürgermeister ist nicht immer leicht: „Wir werden ständig vergessen. Das hab ich schön langsam satt. Leider sind immer noch zahlreiche öffentliche Orte karrierefrei. Viele Ämter haben auch im Jahr 2021 noch eine Karriereleiter, die man selbst hinaufsteigen muss. Ich brauche für mein Berufsleben aber eine praktische Karriererampe, die man betrunken runterrollen kann."

Harte Woche
Es ist eine harte Woche für Tschernik, aber er ist ein Kämpfer. „Gestern haben sie meine Impfung verschoben, weil sich ein Greis vorgedrängelt hat, der eh schon den Tod in den Augen stehen hat – und jetzt auch noch das."
Dank guter Beziehungen zum Dorfpolizisten wurde dem rücksichtslosen Rollstuhlrowdy lebenslang der Führerschein entzogen. „Mei schen, endlich amol lei so was wie Gerechtigkeit", lächelt Tschernik, ext gemeinsam mit einer Gruppe britischer Skilehrer seinen dreizehnten Zirbenschnaps und steigt in seinen BMW X5. Er parkt, ohne zu schauen, rückwärts von seinem Bürgermeisterparkplatz aus, biegt auf die Bundesstraße ab und fährt in der Rettungsgasse vor dem Notarzt gemütlich nach Hause.

LEBEN 26. Januar 2021

Verwirrung um FFP2-Masken: Sind „KN95" und „Melitta" zulässig?

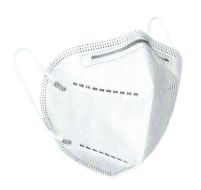

Foto: Tagespresse

Wer soll sich da noch auskennen? FFP2-Maske ist anscheinend nicht gleich FFP2-Maske. Denn Masken mit dem Aufdruck „KN95" und „Melitta" sind nur unter gewissen Umständen zulässig. DIE TAGESPRESSE arbeitete sich durch die Verordnung.

WIEN – Während Masken mit dem Aufdruck „KN95" gestern Vormittag noch als verboten galten, kam am Nachmittag die Korrektur. „Schön und gut, aber was ist mit denen da? Ich hab gerade erst wieder zehn gekauft!", sagt der Linzer Angestellte Manfred Walter und schiebt sich seine Maske mit dem Aufdruck „Melitta Kaffeefilter – Tradition seit 1908" auf die Nase.

Die kostengünstigeren Melitta-Masken sind im Supermarkt um EUR 2,19 und in der Apotheke um EUR 219,– erhältlich. „Das ist natürlich nicht der wahre Preis", warnt Konsumentenschützer Peter Kolba. „Für das Verwenden von Melitta-Filtern bezahlt man mit seiner Menschenwürde."

Aufklärung
Gesundheitsminister Anschober sorgt für Klarheit: „Es ist sehr einfach. Alle zertifizierten CE-Masken, deren Seriennummern in der dritten Wurzel eine Primzahl ergeben, sollten nach dem Tragen im Backrohr bei 180 Grad Umluft in etwas Olivenöl und Zitronensaft geschmort werden, Jamie Oliver empfiehlt auch etwas Parmesan, nach drei Stunden zerfallen die Masken im Mund, mmh!", sagt er, während er manisch lachend von Sanitätern zum Magenauspumpen gebracht wird.

Zertifizierung
Ein Forscherteam der MedUni Wien will nun prüfen, wie zuverlässig die Masken sind: „Mmh, bist du deppert, die brasilianische Mutation ist echt vollmundig und herb mit einer leicht nussigen Note, will noch wer einen Laborversuch?", fragt Dr. Claudia Hanser in die Runde und füllt ihr Ristretto-Reagenzglas mit einem Schuss Milch auf. „Wir warten jetzt noch auf Mutationen aus Honduras und dem Tajumulco-Hochgebirge in Guatemala, erst dann können wir endgültig sagen, wie zartbitter im Abgang Corona wirklich ist."

Nespresso-Masken
Doch nicht alle können sich mit den umweltfreundlichen FFP2-Masken aus Stoff anfreunden. Nespresso arbeitet bereits an einer extrem klimaschädlichen Aluminium-Maske. In einem teuer produzierten Werbespot sieht man Schauspieler George Clooney, wie er einen Pottwal lächelnd mit zerknitterten Aluminiummasken füttert.

LEBEN   28. Januar 2021

„Mein neues Leben": Reisebericht von Travel-Influencer Jan Marsalek

Foto: Tagespresse

Hey Leute! 😃

Bis vor Kurzem war ich noch erfolgreicher COO eines heißen Tech-Start-ups. Ich hatte alles: Geld 💰 Erfolg ⭐ Frauen 🙈 Aber irgendwann hab ich gemerkt, hey Jan, du musst raus aus diesem kranken Karriere-Hamsterrad! Einfach mal weg! Das macht dich nur kaputt. Also wortwörtlich, haha, siebzehn Geheimdienste waren hinter mir her 🤣 Total irre, nicht wahr?

Also hab ich alle meine acht Reisepässe eingepackt, bin zum Flughafen und hab mir den nächsten Privatjet geschnappt. Mir ist die Unterstützung nachhaltiger, regionaler Unternehmen sehr wichtig. Deshalb hab ich mich für den Reiseanbieter BVT aus Wien (#sponsored) entschieden.

LOS GEHT'S!

ÖSTERREICHS SERIÖSESTE ONLINEZEITUNG

4:30

Oh Mann! Ich bin echt kein Morgenmensch. Aber wie sagt das alte Sprichwort? Wer zu spät kommt, den straft der Staatsanwalt! Schnell noch eine Flow-Yoga-Krav-Maga-Session mit meinem Instructor Vladimir, dann ein Mango-Kiwi-Nowitschok-Smoothie, 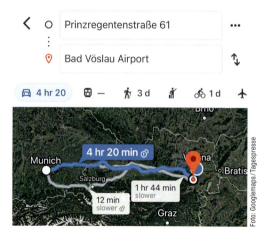 lecker 😋 Danke an die Jungs vom GRU für das fantastische Geheimrezept und die Box mit den frischen Zutaten, wow, damit kann man ja echt ur viele Smoothies maken 😘 #sponsored

5:00

Wow, hab ich ein Glück! 😊 Normalerweise würde ein FPÖ-Politiker ja nie jemandem bei der Flucht helfen. Aber bei mir drücken sie ein Auge zu, weil ich bin RICH & Österreicher und kein armer Tschusch oder Araber LOL. Mein FPÖ-Bro Abgeordneter i. R. Thomas Schellenbacher holt mich ab. Alles klar, Herr Mandatar? Jetzt geht's los. Ciao, graues München, arrivederci Prinzregentenstraße, hallo Abenteuer! Ich geb meinem Trump-Aufsteller noch ein Bussi, baba, Papa! Let's gooooo!

5:30

Leute, bin echt angepisst 😠 Stehe jetzt hier auf dem International Airport Bad Vöslau und es geht nicht auf die Bahamas, sondern nach Belarus. Habe mir jetzt noch schnell einen Flug auf die Philippinen gekauft, yolo, scheiß auf alles, echt.

11:00

Totaler Kulturschock! Vor ein paar Stunden war ich in Bad Vöslau, jetzt bin ich plötzlich in Minsk. Hallo Zivilisation!

11:30
Noch mehr Ärger! Bei meiner kleinen Start-up-Miliz in Libyen und meinen Side-Hustle-Projekten Pay Easy Solutions in Manila, Senjo in Singapur und Al Alam in Dubai gibt's wieder Troubles. ICH BIN AUF URLAUB!!! 🤬 Alle zehn Handys sofort auf Flugmodus!!!!

12:00
Was ich echt toll finde an den Weißrussen, ist ihre totale Offenheit. In München sind die Leute echt verklemmte Spießer, sie nennen dich Betrüger, nur weil du ein paar Milliarden Euro erfindest. Aber hier in Weißrussland schauen die Menschen nicht auf deine Vergangenheit, sondern nur auf dein Konto.

14:30
Alle haben ur den Stress. Nach einer Free Walking Tour wollen sie jetzt schon weiter nach Moskau. Bin aber eh ein spontaner Typ, nicht so wie mein Homie Markus Braun, der wollte ja unbedingt daheim bleiben. Leider hat Schellenbacher Tommy, dieser blaue Volltrottel, seinen russischen Pass daheim vergessen und den nordkoreanischen dabei LOL! Nochmal richtig Stress bei der Passfälschungsstelle am Flughafen 👮

16:00
Work-Travel, meine Amigos! Zeit für einen Mandelmilch-Cappuccino im angesagten Café in der GRU-Zentrale in Moskau. Das Coolste an meinem Job: Um Tausende Menschen um ihr Vermögen zu bringen, brauch ich nur mein Macbook Pro, Free Wifi und eine Tasse frisch gemahlener Kaffee ☕ Nichts mit grauer Büro-Tristesse! Hab mir gerade einen neuen Nerz-Mantel um nur 20 000 gegönnt. Ist aber Fair Fashion, alle Nerze sind an Corona gestorben.

16:30
OMG, voll vergessen, wie sehr ich Moskau liebe. #moskauliebe Wisst ihr noch, wie ich vor vier Jahren mit meinem Bro Wolfi schon mal da war? Da haben wir die ÖVP-Spenden von Markus Braun klug investiert in 2000 Jahre alten Rotwein aus dem Grab von Jesus.

Shoutout an Wolfi, den frommen Kapellmeister, der scheißt sich nix, im wahrsten Sinne des Wortes 💩

17:00
Das Airbnb ist echt nice und voll shabby chic, Matratze am Boden, Richtmikrofon zum Abhören der Nachbarn, alles wie in meiner Villa. Und die Hosts vom GRU lassen einen nicht aus den Augen, sie sind irgendwie überall, sofort für Fragen zur Stelle, total aufmerksam. Leider mittlerweile eine echte Seltenheit auf Airbnb! Heute Abend kommen die Söhne von Gaddafi vorbei, die sind auch gerade in town, erinnert ihr euch noch an meine Insta-Story aus dem P1 mit den beiden verrückten Husos? Der Dom Pérignon war nicht die einzige Flasche, die die beiden schon enthauptet haben, LOL 🤪🔪

03:46
WTF, wir haben beim Feiern meinen Broski Joschi Gudenus getroffen!!! Wow, ich muss sagen, er hatte wie immer geile Visitenkarten dabei, frisch aus Südamerika. Leider nach der dritten Visitenkarte totaler Filmriss! Bin aufgewacht ohne Handy und, hey, wo ist der Schlüssel für mein Bitcoin-Wallet mit 600 Millionen, der war doch gestern noch in meiner Hosenta–, fuuuuuuuuckkkkk!!!!!!!!!!!! Na ja, das nächste Pyramidenspiel kommt bestimmt 🤮

So, liebe Follis, das war's für heute! Schaut nächstes Mal wieder vorbei, wenn es heißt: 1000 things to do in Sibirien. Bin ganz allein auf eine Reise dorthin eingeladen worden und sehr gespannt, was passiert.

POLITIK   28. Januar 2021

„Können wir besser als impfen": Regierung will bis März eine Million Menschen abschieben

Eigentlich wollte man im ersten Quartal eine Million Österreicher gegen Corona impfen. Doch da die Regierung aufgrund von Chaos und Bürokratie mit der Organisation der Pandemiebekämpfung scheitert, will man sich nun wieder auf die Kernkompetenz besinnen und bis März eine Million Menschen abschieben.

WIEN – Bellende Polizeihunde springen an dem Bus hoch, in dem drei Kinder stundenlang in der Kälte auf ihre Abschiebung warten. Eine Hundertschaft an Polizisten wärmt sich mit Tee, Kniebeugen und Demonstranten-Niederknüppeln. „Wir wollten hier kein Risiko eingehen", erklärt der Einsatzleiter. „Das sind zwar noch Kinder, aber fremde Kinder, keine harmlosen Corona-Demonstranten ohne Maske mit Impf-Judenstern."

Minister zufrieden
Innenminister Karl Nehammer verfolgt den Einsatz live in seinem Büro in einem schusssicheren Pyjama mit einem Kirschkernkissen

am Bauch. Er ist mit der Abschiebung bis jetzt sehr zufrieden. „Bitte nehmen Sie Platz", begrüßt er uns und räumt einen Stapel mit unbearbeiteten Terror-Verdachtsfällen vom Sessel. Einige Akten fallen in den Mistkübel. „Wurscht, es ist eh schon Feierabend", lacht er und öffnet eine Packung Popcorn und ein Bier. „Mag sein, dass wir hie und da mal einen Terroristen übersehen, haha, ups. Aber sicher keine Kinder ohne Asyl!"

Anschober warnt
Leider warten muss nun der Impfplan, wie auch Gesundheitsminister Rudolf Anschober erklärt: „Wir haben hier eine exponentielle Entwicklung." Er hält ein Taferl in die Höhe. „Eine georgische Familie bekommt zwei Kinder, die bekommen dann wieder vier Kinder. Spätestens im Jahr 2049 könnten alle Österreicher Georgier sein."

Doch innerhalb der Grünen dürfte es rumoren, räumt Parteichef Werner Kogler ein: „Abschiebungen sind bei uns ein heikles Thema, wir konnten aber die Basis zufriedenstellen, indem wir garantieren: Zumindest fünfzig Prozent der Abgeschobenen sind Frauen, und auch Queere und Transgender werden abgeschoben."

Kanzler entdeckt Talent
Kanzler Sebastian Kurz ist mit der Abschiebungsoffensive zufrieden. Endlich hat er sein wahres Talent entdeckt. „Pandemiebekämpfung war irgendwie eh nicht so meins. Das Corona-Dingsbums muss leider warten, wir haben Wichtigeres zu tun. Und wie Sie wissen, sind mir wichtige Sachen immer sehr wichtig und wichtigere Sachen noch wichtiger. Bis März schaffen wir eine Million Abschiebungen."

Kurz wird ernst. „Ich bin selbst als Zwölfjähriger aus dem Waldviertel nach Meidling gekommen und hab mir dort ein neues Leben aufgebaut, das ist alles reine Einstellungssache."

Der Kanzler schaut nachdenklich auf die Bilder der ängstlichen Kinder im Bus. „Außerdem ist das alles nichts Ungewöhnliches, es werden jede Nacht in Österreich Kinder aus dem Schlaf gerissen und müssen raus in der Kälte, um nach St. Anton auf Skiurlaub zu fahren."

Ärger

Doch der ehrgeizige Abschiebungsplan wird überschattet von einigen Bürgermeistern, die vor wütenden Ortsbewohnern flüchten wollen und sich anscheinend vordrängeln. „Na ja, es war halt noch ein Platzerl frei auf der Bundesheer-Hercules, und ich war grad zufällig am Flughafen Schwechat spazieren", rechtfertigt sich der Feldkircher Bürgermeister Wolfgang Matt im Video-Interview. „Und ich hab mir gedacht, na ja, bevor der Platz verfällt, wär doch schade drum."

POLITIK   29. Januar 2021

„Nur mein Pferd war bei den Grünen": Van der Bellen distanziert sich von Vergangenheit

Neu aufgetauchte Dokumente legen den Verdacht nahe, dass Bundespräsident Alexander Van der Bellen von 1986 bis 2016 ein Mitglied der okkult-nationalistischen Partei „Die Grünen" war. Der internationale Druck auf das Staatsoberhaupt steigt. Jetzt behauptet Van der Bellen, nur sein Pferd sei damals Mitglied gewesen. Holt ihn seine dunkle Vergangenheit doch noch ein?

WIEN – Reumütig senkt Alexander Van der Bellen seinen Kopf. Vor ihm liegt ein Wahlplakat auf dem Schreibtisch, das er jahrelang unter höchster psychischer Anstrengung verdrängt hat. Darauf zu sehen: Er selbst, daneben ein Logo der Grünen. „Ja, ich hab damals mitgemacht", räumt er ein. „Es war einfach so eine Euphorie, man ist in der Hainburger Au gestanden und hat mitgejubelt. Ich war noch jung, vielleicht 17 oder höchstens 71, ich wusste ja nicht, in welcher ideologischen Sackgasse das alles endet."

Dass die Partei zuschaut, wie nachts heimlich Kinder abgeschoben werden, und weiterhin der ÖVP die Treue hält, davon will Van der Bellen nichts gewusst haben: „Ich hab nur Befehle empfangen von ganz unten, vom basisdemokratischen Sitzkreis. Da ist die Hierarchie in der Gruppe leider sehr streng. Ein falsches Wort und du landest im Bundesrat. Was eine steirische Homöopathin in Weiz beschließt, muss die Parteiführung in Wien ausführen."

Ausrede
Historiker wollen nun wissen: War Van der Bellen auch eingetragenes Parteimitglied? „Nein, niemals, also ja, ich hatte eine Mitgliedsnummer, aber die war auf meinen Araberhengst Marlboro Man registriert." Der Präsident zeigt auf ein Pferd in den Hofburgstallungen. „Damit reit ich immer ‚nur mal schnell Zigaretten holen', wenn der Sebastian Kurz wieder einen Termin bei mir hat und was will."

Die Partei selbst steht derzeit in der Kritik. „Ein Verbotsgesetz wird aber nicht notwendig sein, die Vier-Prozent-Hürde bei der nächsten Wahl wird das Problem lösen und dem Spuk ein Ende setzen", erklärt Peter Filzmaier, Österreichs einziger Politexperte von der Peter-Filzmaier-Universität Krems.

Hoffnung auf Asyl
Viele ehemalige Grüne werden mittlerweile in Argentinien vermutet, wo sie sich nach den gestrigen Abschiebungen aus Scham verstecken. Einige haben sich von Twitter auf Telegram zurückgezogen. Die führenden Köpfe jedoch werden nach wie vor in Wien vermutet, wo sie sich bis zum bitteren Ende in ihren riesigen Egos verstecken und auf die Erlösung als EU-Parlamentarier in Brüssel hoffen.

WELT   3. Februar 2021

„Corona bricht mir das Genick": Buchhändler gibt auf

Die Corona-Krise bringt immer mehr kleine Buchhändler an den Rand der Verzweiflung. Einer davon ist der amerikanische Kleinunternehmer Jeff B. aus Seattle. Der traurige Familienvater kann nicht mehr und verlässt seinen charmanten Laden, wo er neben Büchern auch kleine Gebrauchsgegenstände und Dekomaterialien verkauft.

SEATTLE, USA – Das Lächeln im Gesicht von Jeff B. ist längst verschwunden. „Seit Corona macht das Geschäft keinen Spaß mehr", klagt der bescheidene Kleinunternehmer, der neben drei bezahlten Angestellten außerdem noch 1 300 000 ehrenamtliche Sklaven beschäftigt. Jetzt steht er vor den Ruinen seiner Existenz.

Nostalgie
Jeff B. führt uns durch ein altes Sadomaso-Studio am Stadtrand von Seattle. „Hier hat alles begonnen, hier kam mir die Idee zu Amazon." Nostalgisch denkt er an die alte Zeit zurück. „Ich bin ein Idealist, aber es tut weh zu sehen, dass sich die harte Arbeit nicht lohnt und

plötzlich dein jüngerer Nachbar Elon finanziell an dir vorbeizieht. Du kaufst dir einen SUV, er kauft sich einen noch größeren. Du kaufst dir eine Rakete, er eine noch größere."

B. geht durch sein leeres Geschäft, wo nur noch eine Alexa einsam an der Rezeption sitzt und sich selbst fragt, wie das Wetter denn so ist. Im Juli 1995 verkaufte er hier sein erstes Buch. „Das war die 60-Hour-Work-Week, ein inspirierender Self-Help-Bestseller von der WKO."

Konkurrenz zu groß

Endgültig das Genick brach ihm im Lockdown aber die Konkurrenz der ganz, ganz Großen: „Zuerst Shöpping, dann das Kaufhaus Österreich. Und am Unterhaltungssektor hat jetzt diese neue Comedian Doc Aschbacher alles, was wir bei Prime zum Streamen anbieten, in den Schatten gestellt." B. sah seinen Zenit überschritten. „Wie soll ich da mithalten? Aber ich weiß schon, der feine Pinkel Herr Mahrer lebt nach anderen Regeln. Der Stärkere überlebt, friss oder stirb, das unsichtbare Parteibuch des Marktes."

Jeff steckt sich heimlich drei Firmenkugelschreiber in die Aktentasche. „Ich bin jetzt auch schon 57. Haben Sie schon einmal versucht, in dem Alter den ganzen Tag lang nicht aufs Klo zu gehen, weil Klopausen verboten sind?", klagt er.

Immerhin: Über die Jahre hat Jeff B. etwas auf die Seite gelegt. „Keine Ahnung, viel ist es nicht", murmelt er und leert kaum mehr als 150 Milliarden aus seinen Hosentaschen. „Zum Leben zu wenig, zum Sterben zu viel. Und die Hälfte vom Silber kriegt ja jetzt auch noch die Ex."

Zukunftsängste

Am meisten Sorgen bereitet ihm nun aber seine eigene berufliche Zukunft: „Bis zur Pension habe ich noch sechs Jahre, und viel hab ich da auch nicht zu erwarten, ich hab ja nie Steuern eingezahlt, weil wir leider immer Verluste gemacht haben. Wer nimmt einen 57-jährigen, kaufsüchtigen Buchhändler noch?"

Jeff steht vor dem Lager, wühlt in der Konkursmasse und kratzt sich nervös die Glatze wund. „Das muss alles noch eingepackt, adressiert und verschickt werden, der Horror. Sie fliegen ja nach Österreich, kann ich Ihnen was mitgeben?" B. holt einige Produkte von den

Regalen. „Das Buch ‚Scheiß auf alles – Die schönsten Golfplätze Südafrikas 2021' geht nach Tirol, diese edle Fußabstreiferklobürstenkombination bekommt ein Herr Wolfgang Sobotka, und können Sie bitte dem Herrn Sebastian Kurz ausrichten, dass es nichts bringt, wenn er täglich bei mir im Büro anruft und eine schnellere Lieferung fordert?"

POLITIK   4. Februar 2021

Wegen Mutation: Tirol isoliert zur Sicherheit alle Virologen

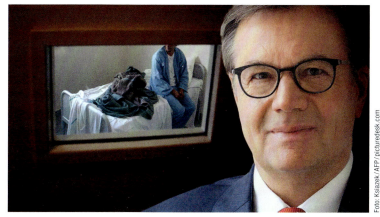

Foto: Ksiazek / AFP / picturedesk.com

Das Auftreten einer neuen, heimischen Covid-Mutation veranlasst die Tiroler Landesregierung zu drastischen Maßnahmen. Virologen werden jetzt für vier Wochen komplett isoliert, um die virale Ausbreitung schlechter Nachrichten zu verhindern.

ZWEITES ISCHGL – „Niemand darf eini, niemand außi, da habts lei noch 500 Liter Suppe und fünf Tonnen Kaspressknödel, bisch dann, das habts lei vom vielen Studieren", lächelt Landeshauptmann Günther Platter, während er die Universität Innsbruck von außen absperrt und den Schlüssel in den Inn wirft.

Die aktuellen Zahlen stimmen den Politiker nachdenklich. „Seit gestern haben wir es mit 17 Medienberichten, 1600 Tweets und 3000 Kommentaren im Standard-Forum zu tun, die Entwicklung ist exponentiell. Wenn das so weitergeht, müssen wir die Skisaison kübeln und alle 20 000 holländischen Skilehrer nach Hause schicken, also in ihren neuen Zweitwohnsitz in St. Anton."

Ausbreitung verhindern
Platter wird ernst, schlüpft in Handschuhe und legt sich eine FPP2-Maske und ein Face Shield aus Gamsbart an. Angewidert hält er uns einen ausgedruckten Tweet von Armin Wolf entgegen. „Wir müssen verhindern, dass sich diese gefährliche Krankheit namens Wahrheit weiter im Heiligen Land ausbreitet, an die Langzeitfolgen in den Köpfen der Menschen darf ich gar nicht denken, da wird mir ganz anders", erklärt Platter und zeigt uns eine beunruhigende Studie der Johann-Hinterseer-Universität Kitzbühel, wonach sich fast alle deutschen Touristen, die Ischgl überlebt haben, noch an den Corona-Ausbruch erinnern können.

„Am wichtigsten ist jetzt das Contact-Tracing." Die Behörden wollen herausfinden, welche Virologen schon mit Journalisten Kontakt hatten, die dann ebenfalls in Isolation müssen.

Corona nicht aus Tirol
„Eines muss ich festhalten", so Platter energisch. „Wir Tiroler haben Corona, bitte schön, nit erfunden. Genauso wie das Atomkraftwerk Tschernobyl ja auch nit die Radioaktivität erfunden hat, sondern sie nur durch massivste Inkompetenz in ganz Europa verbreitet hat."

Die Isolierung der Virologen ist auch ein wichtiger Sieg für den hauptberuflichen Impfkoordinator und ehrenamtlichen Impfgegner Elmar Rizzoli. „Maulkorb runter, wir sind da nicht in Wean", lacht er und zieht uns die FFP2-Maske vom Kinn. Er führt uns durch ein Militärkrankenhaus, in dem weitere 23 Virologen perfekt isoliert untergebracht sind. „Ich muss zugeben, dass das Land Tirol hier zum ersten Mal alle Hygieneregeln einhält, ich hab noch keinen Mangel festgestellt", ist Virologin Dorothee von Laer begeistert.

Überlebensfrage

Vorerst läuft das Experiment für vier Wochen, dann sollen die Virologen entlassen werden. „Wir werden aber nix überstürzen, es geht da immerhin um das blanke Überleben unserer Seilbahnchefs, Hoteliers und der Adlerrunde", so Platter.

Es klopft an der Tür, der Landeshauptmann springt auf. „So, ich muss leider los, wir haben ein Seminar", zwinkert Platter. Der hustende Promiwinzer Leo Hillinger begrüßt ihn mit einem Bussi auf die Wange. Gemeinsam mit mehreren ÖSV-Stars, die sich selbst mit Sponsorenaufnähern über den Augen unkenntlich gemacht haben, fliegen sie im Privatjet zum großen Tiroler-Ski-Stars-Galadinner nach Kapstadt.

LEBEN   4. Februar 2021

Nach „Virol": Diese Marken muss das Land Tirol ebenfalls schützen lassen

Foto: Depositphotos (M)

In weiser Voraussicht hat das Land Tirol das Logo „Virol" schützen lassen. Doch jetzt gibt es ganz schlechte Nachrichten: Soeben sind 16 weitere, sehr ungünstige Wortspiele aufgetaucht. Ein neuerlicher Gang zum Patentamt bleibt dem Land wohl nicht erspart, denn diese Wortmarken müssen jetzt auch geschützt werden:

Ojenbach
Impfst

Lienzidenz
Wuhattens

Schwazer Tod
Halligalli in Tirol

Innsfiziertbruck
Covstein

Obergurgltest
Fieberbrunn
(Keine Umbenennung notwendig, Anm. der Red.)
Alptraumbach

LEBEN 5. Februar 2021

Verbiegen, verdrehen, umfallen – das Power-Yoga-Workout mit den Grünen

Namaste, meine lieben Yogis, ich bin's, euer Werner. Willkommen zu meiner Power-Yoga-Session, die euch dabei helfen wird, moralisch flexibel zu werden. So steht euch euer Rückgrat im Job endlich nicht mehr im Weg. Let's go gemma!

Der liegende Umfaller
Zuerst aktivieren wir Beckenboden und Core, dann machen wir das physikalisch Unmögliche möglich. Du denkst, du kannst nach der Flüchtlingsabschiebung nicht noch tiefer fallen? Versuche es mal mit einem Atomkraftwerk in der Lobau oder einer Nerzfarm im Museumsquartier. Und wenn du das Gefühl hast, du kannst eine noch tiefere Position einnehmen, greife sanft zum Telefon und rufe Großmeister Novos Matic an, der dich liebevoll mit 7000 Einheiten Energie netto im Monat versorgen wird.

Der moralisch herabschauende Hund
Mit dieser Übung stärken wir unsere moralische Überlegenheit und schauen auf alle anderen herab, die nicht so gut sind wie wir. Wir nehmen Platz auf einem hohen Ross, oder wer gerade keines zur

Hand hat: Ein Parlamentssessel tut es auch. Bringen wir unsere Körper in eine verkehrte V-Position und blicken dann von oben herab auf diejenigen, die keine 60-Euro-Fair-Fashion-Unterhose von Dariadaria beim Yoga tragen, weil sie unsere Mutter Erde hassen.

Der ehrfürchtige Kniefaller

Erde dich! Dreh zur Entspannung eine Rede des Bundeskanzlers auf und schließe die Augen. Jetzt gehen wir gemeinsam auf die Knie und atmen den letzten Rest unserer Würde ganz tief aus, und atmen anschließend die weisen Lehren unseres erleuchteten Gurus Sebasti An Haare Kurzna ein. Dabei buckeln wir kopfüber, damit wir nicht unsere innere Koalition aus der Balance bringen.

Motivationssession: Die nächsten Übungen werden entscheidend sein

Foto: Depositphotos (M)

Man muss nicht alle Bäume der Lobau an einem Tag ausreißen. Arbeiten wir uns Schritt für Schritt vor in Richtung Erleuchtung und Verschwinden im politischen Nirwana. Letzte Woche sind wir fünfmal umgefallen, diese Woche schon zehnmal. Visualisiert euch eure Entwicklung auf einem Taferl und notiert eure fallenden Body-Mass- und Umfragewerte.

Das Beste aus beiden Welten

Vergiss nicht: Yin und Yang sind zwei duale Kräfte, die sich zwar gegenüberstehen, aber nicht gegenseitig bekämpfen, sondern ergänzen. Wenn Nehammer nachts Kinder abschieben will, werde ich ihm einen wohltuenden Kardamom-Yogi-Tee mit Rum zubereiten. Nur durch dieses Zusammenspiel beider Welten wird die innere

Dysbalance gewährleistet, die eine Partei braucht, damit sie im nächsten Leben als Bürgerliste wieder geboren werden wird.

Der Sesselkleber
Als Vorbereitung auf den Sesselkleber setzen wir uns für einen Forward Fold auf den Boden und kommen im Hier und Jetzt an. Wenn unsere Hamstrings locker sind, setzen wir uns auf einen Sessel und verwurzeln uns im Boden. So fest, dass uns kein Wählerverrat mehr erschüttern kann, wir bleiben für immer kleben.

Die Totenstellung
Die hohe Kunst der Tiefenentspannung will gelernt sein. Egal ob Flüchtlingsabschiebungen oder Arbeitslosengeld: Lege deinen Körper flach unter die Parlamentssitze, verharre in Leichenstarre, werde eins mit dem Boden und hoffe darauf, dass kein Journalist bemerkt, wie du abstimmst.

Ein letzter Gruß

Mit dieser Übung verabschieden wir uns innerlich von unnötigem Ballast, der uns das Leben erschwert: Wähler, Prinzipien, und noch mehr Wähler. Wir beginnen mit einem Glas Champagner in der linken Hand, mit der rechten strecken wir unseren Mittelfinger ganz weit aus, das Gesicht ziehen wir trotzig zusammen.

Das war's für heute. Seid nächste Woche wieder dabei, wenn wir euch in einer Krav-Maga-Session zeigen, wie man sich gegen Angriffe aus der Basis wehrt. Bis dann! Euer Werner.

WELT　　　　　　　　　　　　　　　　　　　　　　　11. Februar 2021

Gold der Zukunft? Elon Musk kauft 1,5 Milliarden Rabattmarkerl beim Spar

Foto: Tagespresse

Ist das verrückt oder visionär? Elon Musk gab heute den Kauf von 1,5 Milliarden Rabattmarkerln beim Spar bekannt. Während andere ihr Geld in Bitcoin pumpen, glaubt Musk an die Zukunft der futuristischen Währung aus Österreich und hält sie für das neue Gold. Doch Experten warnen vor der nächsten Tulpenmanie.

PALO ALTO/WIEN – „Minus 25 Prozent bei meinem nächsten Einkauf, das ist schon geil", erklärt der findige Tesla-Chef im Interview mit der **TAGESPRESSE**. „Aber ich geb das sicher nicht aus. HODL! Bis ich tausend Prozent Rabatt bekomme. Rabattmarkerl to the moon!", schreit Musk, während er gerade in seinem Dienst-Tesla über das per Neuralink manipulierte Gehirn eines Schimpansen Mario Kart spielt.

Zukunft

Musk steigt aus und atmet tief ein. „Wow! So fühlt sich also Zukunft an, warum habe ich das nicht erfunden und meine Zeit mit Tesla vergeudet", murmelt er begeistert, während er beim Betreten der Spar-Filiale in der Ottakringer Straße eines der roten Korbwagerl nimmt, dessen Tragebügel fast zwei Meter lang ausgezogen werden kann. „Zwei Käsleberkässemmeln bitte, oder nein, machen Sie drei, ich muss heut noch zum Mars." Der Mann an der Theke blickt Musk tief in die Augen: „Heast, I kenn di aus'm Fernsehen! Guten Tag, Herr Iron Man."

Neue Technologien
Fasziniert legt er einen Paradeiser auf die Waage und drückt die Nummer 3, ein Preissticker kommt prompt heraus – ohne Fehlermeldung. „Wow, die haben hier sogar schon einen Drucker, der funktioniert, die sind uns im hinterwäldlerischen Silicon Valley um Jahrzehnte voraus."
Doch nicht immer entspricht die Technik des Supermarktes den Erwartungen des Visionärs. „Oje, die Einkaufswagerl sind leider noch nicht auf bargeldlosen Zahlungsverkehr ausgerichtet, hat wer eine 50-Cent-Münze?", fragt er enttäuscht. Die Bierkiste muss heute wohl warten.

Pure Rationalität
Die Mega-Investition zeichnete sich für Insider schon ab, als Musk letzte Woche seine Twitter-Bio auf „Spar" änderte. „Die Finanzmärkte sind getrieben von purer Rationalität", erklärt Fonds-Managerin Karin Hametner. „Ohne ein fünfjähriges Finance-Studium ist man aufgeschmissen, wenn es darum geht zu erraten, was Elon Musk nach drei Flaschen Rotwein und sechs Schlaftabletten um fünf Uhr früh aus der stabilen Seitenlage twittert."
Sie warnt vor einem Investment in die neuartige Währung: „Rabattmarkerl sind einfach nur Papier, der Spar kann beliebig viele nachdrucken, es steht überhaupt kein Wert dahinter! Nichts! Was glauben die Herrschaften vom Spar, wer sie eigentlich sind? Die Federal Reserve? Die EZB?"

Stau
Die Anschaffung der Rabattmarkerl gestaltet sich komplizierter als gedacht, denn Musk muss dafür Waren im Wert von 15 Milliarden Euro kaufen. Zur Stunde ist die Kassierin noch damit beschäftigt, die neun Tonnen S-Budget-Waffelherzen über den Scanner zu ziehen, während der US-Milliardär von drängelnden Senioren aus der Filiale geschoben wird, die ihre Wagerln in seine Achillessehnen rammen.

POLITIK 11. Februar 2021

Auch das noch: Behörden entdecken in Blümels Wohnung Teigtascherlfabrik

Foto: BMF

Ist er jetzt endgültig rücktrittsreif? Bei einer Hausdurchsuchung in der Wohnung von Finanzminister Gernot Blümel entdeckte die Staatsanwaltschaft eine illegale Teigtascherlfabrik. Blümel weist jede Schuld von sich.

WIEN – Die Vorwürfe wiegen schwer. Mehrere Dutzend Chinesen sollen bis zu 18 Stunden täglich und unter hygienisch fragwürdigen Bedingungen im Wohnzimmer von Blümel Tausende Wan Tan und Gyoza gewickelt haben. Um die Effizienz zu steigern, wurden sie mit dem WKO-Song beschallt.

„Was machen Sie hier? Das ist eine private Wohnung, raus!", ruft ein verlegener Blümel den Chinesen zu, als die Staatsanwaltschaft sein Wohnzimmer betritt. „Verstehen Sie mich? Sie raus müssen, jetzt! Frau Staatsanwältin, Sie müssen mir glauben, ich habe diese Personen noch nie in meinem Leben gesehen." Aus seiner Hosentasche fallen zwei Schweinefleisch-Gyoza, die er schnell in seinem Mund verschwinden lässt. Blümel zischt seinem Assistenten zu: „Schreib auf, morgen dreißig Minuten länger am Stepper, der Teig muss so schnell wie möglich wieder runter."

Schwere Vorwürfe
Die Behörden lesen Blümel die Vorwürfe vor. Er soll mit dem Glücksspielanbieter Novomatic illegale Absprachen getroffen haben, Strafdrohung: bis zu zehn Jahre Haft. Blümel unterbricht: „Hey, was meints: Doppelt oder nix?"

Seit Monaten schon stand der Finanzminister im Fadenkreuz der Ermittler: „Wir hatten schon länger den Verdacht, dass er alle chinesischen Restaurants mit Gyoza beliefert und alle ÖVP-Spender mit Aufsichtsratsposten. Jetzt ergeben auch viele Hinweise Sinn. Er hat gar kein Balance Board, das ist eine Küchenwaage. Er hat sich zur Tarnung einfach draufgestellt. Genial!"

Beteuert Unschuld
Gegenüber der **TAGESPRESSE** weist Blümel alle Vorwürfe von sich: „Ich seh schon, was da läuft, ich hab eins und eins zusammengezählt, das ist übrigens drei. Ich bin zu schön, zu jung und zu, zu interelek- interlakt- interspar-, also zu gescheit in meinem Gehirn innen drinnen, das, was da oben im Kopf ist. Das darf einfach nicht sein."

Der Finanzminister steht vor einem neuen Problem: Sein Handy wurde beschlagnahmt. Nachdem er keinen Laptop besitzt, will Blümel ab sofort von seiner Playstation 5 aus arbeiten.

LEBEN 15. Februar 2021

Re-Branding: ÖVP heißt jetzt *Novomatic Plus*

Die neue Novomatic Plus

Foto: Tagespresse

Endlich kommt zusammen, was zusammengehört: Die alte Traditionsmarke ÖVP wird in den Mutterkonzern integriert und firmiert ab sofort unter der Bezeichnung *Novomatic Plus*. Der Eigentümer erhofft sich Synergieeffekte und Einsparungen in Millionenhöhe.

GUMPOLDSKIRCHEN – Viele Jahre bürgte der Selbstbedienungsladen ÖVP für qualitativ hochwertigen Gesetzeskauf. Die Kette ist in ganz Österreich für ihre billigen Angebote und Rabatte für Großindustrielle bekannt. Doch noch diese Woche werden die Logos an der Fassade abgebaut und ersetzt.

„Mit dem Namen Novomatic wollen wir auch nach außen zeigen, dass wir unter derselben Dachmarke kämpfen", erklärt der Sprecher von *Novomatic Plus*, Gernot Blümel. Der beliebte Slogan „Eine Hand wäscht die andere" bleibt erhalten. Die hochwertigen Maturaarbeiten des Alois-Mock-Instituts laufen künftig unter dem Namen *Novomatic Minus*.

Durch die Zusammenlegung ergeben sich viele Synergien. „Unsere Firmen sind ja sehr ähnlich", erklärt Blümel. „Ob du den Sozialhilfeempfängern im Wettbüro das letzte Hemd wegnimmst oder im Parlament, macht am Ende des Tages auch keinen Unterschied mehr."

Beschwerden
Doch steckt in Wahrheit ein anderer Grund dahinter? In letzter Zeit klagten immer mehr ÖVP-Kunden über die sinkende Qualität der gekauften Gesetze. „Fast jedes wird spätestens ein Jahr nach dem Kauf kaputt und vom VfGH zurückgerufen", beschwert sich der oberösterreichische Motorradmechaniker Stefan P., der hofft, dass die Umbenennung auch mit einem Qualitätsanstieg einhergeht.

Klarheit
Blümel zeigt sich zufrieden, als er sich einen *Novomatic-Plus*-Sticker auf sein neues Seniorenbund-Handy ohne WhatsApp klebt. „Für unsere gemeinsamen Kunden waren die verschiedenen Namen zu verwirrend. Wenn ich für das lange Wochenende noch schnell ein kleines Gesetz kaufen will oder Hilfe wegen einer Steuernachzahlung in Italien brauche, geh ich dann zur ÖVP oder gleich zur Novomatic? Jetzt gibt es endlich Klarheit."

Auch in puncto Logistik erhofft man sich Einsparungen, wie Novomatic-Fundraiser Sebastian Kurz (Anm. der Red.: nicht verwandt mit Bundeskanzler Sebastian Kurz) erklärt: „Bei Untersuchungsausschüssen müssen jetzt nicht mehr die Sparten ÖVP und Novomatic getrennt anreisen, sondern wir können dasselbe Uber nehmen."

Gerüchteküche
DIE**TAGESPRESSE** wollte auch Novomatic- und ÖVP-Eigentümer Johann Graf zum Interview bitten, dieses kam jedoch nicht zustande. Er habe sich zwar im Kalender „19 Uhr, Interview Die Tagespresse GmbH" notiert, doch es kam zu einer bedauerlichen Verwechslung mit seiner Schwiegertochter, die zufällig ebenfalls Martina Die Tagespresse GmbH heißt.

POLITIK 19. Februar 2021

„Die nächsten Leben werden entscheidend": Anschober wird Buddhist

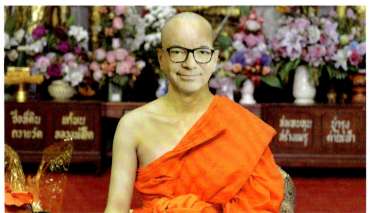

Die Infektionszahlen steigen wieder. Gesundheitsminister Rudolf Anschober ändert seine Strategie zur Bewältigung der Pandemie. Er wird Buddhist und rät allen Österreichern: „Die nächsten Leben werden entscheidend."

WIEN – Seelenruhig reibt sich der Gesundheitsminister seine frisch rasierte Glatze mit Kokosfett ein. Das Interview hat schon vor zwei Stunden begonnen, aber Anschober hat noch kein Wort gesagt. Er sitzt im Schneidersitz vor einer mystischen, einen Meter großen Buddha-Statue mit Räucherstäbchen und einer noch mystischeren, drei Meter großen Van-der-Bellen-Statue mit Räucherstäbchen.

„Ich will ganz ehrlich sein: In diesem Leben kriegen wir das nicht mehr hin in Österreich", Anschober zeigt eine Tafel mit einem schwarzweißen Symbol. „Yin und Yang. Exponentialkurven? Das sind doch nur kurze Momentaufnahmen, die Seele aber kennt nur die Ewigkeit."

Ratschlag
Anschober hat einen Rat an alle Österreicher. „Trotzdem aufpassen, jetzt nicht lockerlassen. Die nächsten Leben werden entscheidend. Die Zahlen steigen wieder, und wir wissen, wenn wir nicht als Fledermaus wiedergeboren werden, sind wir weiterhin anfällig für das Virus."

Der österreichische Gesundheits-Dalai-Lama macht eine dramatische Pause und zieht ein weiteres Taferl aus seiner Mönchstracht, auf dem steht: „Das ist nicht so gut". Wie so oft in dieser Pandemie, findet der Weise aus Wels, dem österreichischen Tibet, die richtigen Worte.

Am Ende unseres Interviews wirkt Anschober aber wieder wie ein ganz normaler Mensch wie du und ich. Schmerzverzerrt erhebt er sich aus dem Schneidersitz. „Dieser Ischias." Es ist Zeit für seinen Spaziergang. „Sorry, seit einem Jahr hab ich so Probleme mit meinem Rückgrat."

Samsara
Angst vor einem Verschwinden im politischen Nirwana haben er und die restlichen Schweigemönche seiner Bewegung aber nicht. „Nach buddhistischer Vorstellung befinden sich ja alle Lebewesen in einem Kreislauf von Wiedergeburt und Tod, dem sogenannten Samsara. Das trifft besonders auf Lebewesen zu, die in einer Koalition mit der ÖVP sind, das ist einfach ganz normal so", lächelt Anschober und zeigt auf eine kleine Ameise, die im vorigen Leben einmal eine sozialdemokratische Partei in Österreich war.

POLITIK   23. Februar 2021

FPÖ lässt Bombe platzen: Van der Bellen offenbar heimlich Raucher

Der Bundespräsident kommt nicht zur Ruhe, denn die FPÖ ließ heute eine innenpolitische Bombe platzen: Alexander Van der Bellen wusste offenbar nicht nur schon am Vorabend der Veröffentlichung vom Ibiza-Video, sondern er raucht anscheinend auch ab und zu heimlich eine Zigarette. Es gilt die Unschuldsvermutung.

WIEN – „Es werden Fragen auf den Bundespräsidenten zukommen", erklärt Christian Hafenecker, FPÖ-Fraktionsführer im Ibiza-U-Ausschuss, während er das tut, wofür ihn die Menschen gewählt haben – er durchwühlt in Camouflage-Kleidung um drei Uhr früh die Müllcontainer vor der Hofburg. „Sehr verdächtig, eine Trafikrechnung, fünf leere Febreze-Sprüher und sieben ausgesoffene Tetra-Paks? Steckt diese Verfassungs-Bierlein also auch mit im Sumpf?"

Unter vier toten Ratten findet Hafenecker außerdem mehrere Zigarettenstummel, die er zur Sicherheit der Bevölkerung in seinen Mund steckt, anzündet und kontrolliert entschärft. „Der wahre Skandal ist aber der hier", zürnt auch Parteichef Herbert Kickl, der gleich nebenan in einer Altpapiertonne lebt und einen reinen Zufallsfund in seinen Händen hält: den Kalender des Präsidenten.

Kickl zeigt auf einen verdächtigen Kalendereintrag vom 14. Jänner 2021. „Montag bis Donnerstag Rauchen, freitags lockeres Präsidieren bis zwölf Uhr." Die FPÖ wittert einen Skandal. Mit einem Video will man den Präsidenten nun bald überführen. Hafenecker stopft sich Papier unter sein Hemd, plustert seinen Körper auf und tarnt sich als Marlboro Man, um den Präsidenten zu ködern: „Howdy Heil, do you want to smoke?"

Nicht die erste Enthüllung
Die investigative Oppositionspartei rund um Norbert Hofer und Herbert Kickl ist bekannt für brisante Leaks rund um den geheimnisumwitterten Van der Bellen. Bereits 2016 enthüllte Hofer, dass Van der Bellen am 20. März 2016 zwischen 17 und 19 Uhr Lungenkrebs hatte.

Van der Bellen selbst war für eine Stellungnahme nicht erreichbar. Er befand sich bis Redaktionsschluss im Rauchertrakt der Hofburg.

LEBEN   23. Februar 2021

Nach Trennung: Daft Punk nehmen erstmals ihre Helme ab

Nach 28 Jahren ist das Geheimnis gelüftet: Einen Tag nach ihrer Trennung zeigte sich das Kult-Duo Daft Punk erstmals ohne ihre ikonischen Helme. Die beiden Musiker, die in ihrem bürgerlichen Leben als Köche arbeiten, bezauberten die Welt seit 1993 mit ihren Beats. Doch zukünftig gehen sie getrennte Wege.

WIEN – „Augerl, komm her da in mein Gsicht, schau da des an", lacht ein Mitglied von Daft Punk in eine Kamera, nimmt den Helm ab und zeigt sein Gesicht. Es handelt sich um Andreas „Andi" Wojta, der jahrelang unter dem Künstlernamen Guy-Manuel de Homem-Christo einer erfolgreichen Nebenbeschäftigung als internationaler Superstar nachging.

Kurz darauf hebt sich der zweite Helm. „Griaß eich, i binsch, da Alex!" Es sind Bilder, die um die Welt gehen. Hinter Daft Punk stecken zwei Fernsehköche, die in Österreich bekannt wurden durch ihre erfolgreichen Remixe wie „Gansl-Erbsenpüree" oder „Stelze feat. gebackener Karfiol".

Branche unter Schock

Das Handy vibriert, Andi schaut auf das Display, es ist The Weeknd. Andi hebt ab. „Please, don't quit, think about my career!", fleht der kanadische Superstar. „No, no", unterbricht Andi. „You don't know what it means to be at the top. We had to decide between the Grammys and Grammeln. We are out." Genervt schaltet Andi das Handy in den Flugmodus.

Wehmut lässt Andi allerdings keine aufkommen. Er blickt zufrieden auf die Vergangenheit zurück: „Burschen, Madln, ihr kennts mi. Der Andi is a wüde Partie, aber i bin a nimmer der Jüngste. Jeden Tag um fünf Uhr aufstehen, den ganzen Tag kochen und dann in der Nacht noch auflegen bis fünf Uhr früh." Laut eigener Aussage hat Andi zuletzt 1997 geschlafen, Alex schaffte es immerhin 2004 zu einem kurzen Powernap, während er in einem Nachtclub in Honolulu Brokkoli dünstete.

Synergien

Für die beiden Österreicher waren die Berufsfelder „Gastronomie" und „French House" Bereiche, die sich logisch ergänzten. „Unsere Helme waren zeitgleich auch Woks", sagt Andi und zeigt auf die

Narben an seinen Fingerkuppen. „Augerl, schau dir meine Pratzen an. Die hab i mir beim Auflegen mit unseren Vinyl-Kochfeldern beim Coachella mal verbrannt."

Zukunft
Doch wieso trennt sich Daft Punk ausgerechnet jetzt? Andi und Alex öffnen eine Flasche Wein und zeigen ernst auf einen Zettel: Die Teilnahmebedingungen von Starmania. „Nur einzelne Musiker, keine Duos." Jetzt, wo die Musiker fast alles erreicht haben, visieren sie den absoluten Olymp der Musikbranche an: in einem Satz genannt zu werden mit Oli Wimmer, Verena Pötzl, Nadine Beiler und Michael Tschuggnall.

POLITIK   26. Februar 2021

Keine Handys, keine E-Mails, keine Festplatten: ÖVP tritt den Amish bei

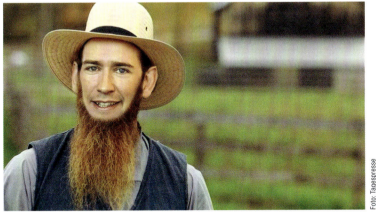

Foto: Tagespresse

Sie pflegen ein Weltbild aus dem 19. Jahrhundert und haben seit Kurzem weder Handys noch Computer. Die obskure Glaubensgemeinschaft „ÖVP" verzichtet auf die Annehmlichkeiten des modernen Lebens. Jetzt tritt die Partei geschlossen den Amish bei.

WIEN/PENNSYLVANIA – Fünf Uhr früh, Lichtenfelsgasse. In der ÖVP-Zentrale weckt der Hahn die Parteimitglieder. Die bäuerliche Arbeit wartet: Der Steuerzahler muss gemolken werden, Spender warten hungrig darauf, angefüttert zu werden, und bei Schönwetter müssen die Felder mit Signa-Wohntürmen bestellt werden.

„Wir legen unser Schicksal in die Hände Gottes und unsere Handys in die Hände der Staatsanwaltschaft", erklärt Sebastian, der spirituelle Anführer. Er streicht über seinen Ein-Stunden-Bart und wirkt angekommen. Seit Jahrzehnten denkt die ÖVP wie vor 200 Jahren. Nach den jüngsten Hausdurchsuchungen lebt sie auch so.

Keine modernen Medien
Nach der Landarbeit wartet die heilige Messe. Jung und alt strömen in die Kirche, um Guru Sebastian dabei zu lauschen, wie er von der Kanzel aus dem Kurier liest.

Der junge Bauer Gernot wirkt voller Tatendrang. „So, dann beladen wir mal die Kutsche", lacht er und zieht den Strohhut. „Wir verkaufen drüben am Bauernmarkt immer Käse, Milch und Gesetze." Er selbst kann heute leider nicht mitfahren, da er einen wichtigen Termin hat. „Ich geh gleich noch ein bisschen Heuballen pumpen für die Figur", erklärt er und zeigt auf einen Stadl mit der Aufschrift „John Harris der Täufer Fitnesszentrum".

Viele gefährliche Erfindungen wie Elektrizität, Internet oder die Unabhängigkeit der Justiz werden von den ÖVP-Amish abgelehnt. In der Gemeinschaft führt der Messerschleifer Karl Nehammer ein strenges Regime. „Bei uns ticken die Sonnenuhren anders. Wer sich nicht integriert, der fliegt. Also nicht wirklich, fliegen ist ja verboten. Die Kutsche lädt ihn hinter der Grenze ab", warnt er, während er einen Baum mit der Feile fällt, da eine Flex verboten ist.

Innovation
Doch wie lange kann eine Partei ohne moderne Kommunikationsmittel auskommen? Dorfgreißler und Dorf-Keynote-Speaker Harald Mahrer arbeitet bereits an einem Schlau-Fon, ein Smartphone, das im Einklang mit den religiösen Lehren steht. „Strom ist tabu, aber Pneumatik und Hydraulik sind erlaubt", erzählt Mahrer. Dann schließt er eine Pumpe und ein Zahnrad an den Schwanz eines

Esels an und startet das Schlau-Fon Österreich. „I und A kann er schon, jetzt fehlen nur noch 24 Buchstaben."

Kritik
Die nach außen hin gelebte Idylle trügt jedoch, denn Soziologen wie Dr. Markus Hennerfeind sehen die Gemeinschaft kritisch: „Vor allem das Frauenbild ist veraltet. Erst letztens hatte ich Kontakt mit Schwester Aschbacher, die durfte nicht einmal studieren." Die hygienischen Zustände sind teilweise verheerend: „Hier wäscht nur eine Hand die andere."

Rumspringa
So asketisch das Leben der Erwachsenen ist, für die Teenager gibt es zumindest eine Periode in ihrem Leben, wo sie die sprichwörtliche Sau rauslassen dürfen. Mit dem Erreichen des 16. Lebensjahres dürfen JVP-Mitglieder einige Jahre lang „rumspringa" – also die süßen Verlockungen des modernen Lebens auskosten. Dann kommt es schon einmal vor, dass ein Mitglied in Alpbach an einem Glas Robby Bubble nippt, mit der Wiener U-Bahn fährt oder sogar seine Unschuldsvermutung verliert.

Doch spätestens, wenn sie einen Platz auf der Bundesliste wollen, müssen sich die Mitglieder fromm unterordnen. In einem religiösen Ritual müssen sie ihren modernen Ansichten per eidesstattlicher Erklärung entsagen und ihr Handy bei der WKStA abgeben. Erst dann werden sie ein vollwertiges Mitglied der neuen, alten ÖVP.

WELT   2. März 2021

Gab es Leben auf dem Mars?
NASA-Foto deutet auf untergegangene Zivilisation hin

Existierte vor Millionen von Jahren einmal Leben auf dem Mars? Hinweise dafür liefert jetzt die NASA-Sonde Perseverance. Auf einem Foto ist ein Schild mit Schriftzeichen einer offenbar unterentwickelten Zivilisation zu sehen. Forscher rätseln nun, was zum Aussterben der primitiven Lebensform geführt hat.

MARS/HOUSTON – Staubiger Geröllboden, lebensfeindliche Umgebung und eine rote Filzschicht: Nicht umsonst nannte man den Mars bisher das „Burgenland des Sonnensystems". Doch neue Fotos der Mars-Sonde Perseverance zeigen erstmals Spuren einer längst ausgestorbenen Zivilisation.

„Zuerst dachten wir, hey, cool, eine intelligente Lebensform, von denen können wir Menschen bestimmt viel lernen", berichtet Expeditionsleiterin Clarence McKenzie von den glücklichen Momenten – bevor sie die Aufschrift auf dem entdeckten Schild dechiffrierte. „Leider kam es wohl zu einem Ausbruch einer Krankheit. Die Zivilisation hätte die Fähigkeit gehabt, den Erreger zu besiegen … wieso tat sie es nicht?"

Radiowellen
Plötzlich herrscht Aufregung in der NASA-Zentrale. Perseverance empfing Radiowellen, die dort seit langer Zeit in der Atmosphäre herumgeistern. Ein Techniker entziffert die wirren Sounds: „Viel verstehe ich nicht, aber es klingt wie ... Moment... ‚Herzlich ... willkommen ... zum ... Corona-Quartett ... mit ... ihrem Superalien ... Michael Fleischhacker'."
   Auf der Rückseite des roten Planeten entdeckt der Mars-Rover schließlich die letzten kulturellen Artefakte der Aliens. Während ihres Aussterbens suchten sie keinen Schutz in sicheren Kratern. Stattdessen trafen sie sich offenbar zu Spaziergängen und malten dazu kryptische Botschaften auf Schilder: „Plandemie", „Maulkörbe sind für Hunde" oder „Gib Gates keine Chance".

Trauriger Niedergang
Doch warum verdummte die prosperierende Alienzivilisation langsam? „Das hier könnte einer der Gründe sein", erklärt der österreichische Physiker Ron Stichert und zeigt auf den Live-Stream der Perseverance. Der Mars-Rover hält gerade einen kleinen, leuchtenden, rechteckigen Gegenstand in seinen Greifarmen, der es den Aliens offenbar ermöglichte, direkt untereinander zu kommunizieren.
   Kurz darauf gelingt es der Perseverance sogar, vom Gerät eine Nachricht zur Erde zu schicken: „meine tante hat geheime informationen aus dem innenministerium. man hat mich nur zum mars geschickt, weil george soros hier eine universität gründen will, tschüss, ich bin raus aus der mission!!!"

Schlimmer Verdacht
Die NASA versucht nun herauszufinden, wie der seltene Krankheitserreger auf den Mars gekommen ist. „Vielleicht müssen wir die Geschichte der Raumfahrt komplett neu schreiben", vermutet Stichert nachdenklich. Er zeigt auf ein versteinertes Golfset am Fuße eines Kraters. „Es gibt Hinweise, dass bereits 300 000 Jahre vor unserer Zeitrechnung ein Tiroler Hotelier hier gewesen sein könnte."

POLITIK   3. März 2021

Traumwetter: Blümel geht mit Laptop, Flachbildschirm und Drucker spazieren

Das herrliche Frühlingswetter zieht auch Finanzminister Gernot Blümel ins Freie. Während die Behörden bei ihm daheim eine routinemäßige Razzia erledigen, vertritt sich Blümel einstweilen mit seinen engsten elektronischen Geräten die Beine.

WIEN – „Komm her, Maxi, zieh dir das an, es zieht ein bisserl", lächelt Blümel und bindet seinem MacBook liebevoll einen Designer-Laptopschal um. „Daheim steh ich doch grad eh nur im Weg rum, die Staatsanwaltschaft will in Ruhe eine Razzia machen, wie jeden Mittwoch. O, Sie sind schon da, hereinspaziert, grüß Gernot! So, ihr kennts euch ja eh schon aus, mi casa es su casa!" Blümel bittet die Ermittler herein.

„Wenn ihr noch einen Kaffee wollts, letzte Chance", ruft Blümel den Ermittlern zu, bevor er den Stecker von seiner Nespresso-Maschine zieht. „Ich und die Rasselbande schnappen jetzt mal ein bisschen Luft. Licht brauchts ihr eh nicht? O ja? Okay, gut, dann lass ich die Glühbirnen jetzt mal drinnen, die führ ich dann erst am Nachmittag raus, die müssen ja auch irgendwann mal Lulu."

Blümel hält kurz den Daumen in den Wind. „Puh, doch kälter als gedacht, vielleicht nehm ich doch lieber den Übergangslaptop." Er legt das MacBook wieder weg und nimmt sich stattdessen einen massiven Lenovo-Laptop.

Kein Arbeitslaptop
Dass er vor Kurzem noch angab, gar keinen Laptop zu besitzen, ist laut Blümel kein Widerspruch. „Ach so, ja, da meinte ich, dass ich keinen Arbeitslaptop besitze. Natürlich habe ich wie jeder normale Mensch einen Spazierlaptop, Radfahrlaptop, Schwimmlaptop, Fernsehlaptop und eine Monatspackung Klopapierlaptops."

Wie Tausende andere Menschen auch spaziert Blümel gemeinsam mit seinen Elektrogeräten durch die Innenstadt. Es sind Momente wie diese, in denen man vergisst, dass dieser ganz normale Mensch, der sich ganz normal verhält, österreichischer Finanzminister ist. „Nein, nein, nein, weg da", schreit er und zieht seinen neugierigen Drucker an der Leine weg von einem zu großen Blatt Papier am Gehsteig. „Sonst kriegst wieder eine Verstopfung." Blümel lobt seinen Drucker und füttert ihn mit einer neuen Patrone.

Die Geräte tollen am Spielplatz herum, klettern auf die Rutsche, bauen in der Sandkiste einen Schredder. Plötzlich vibriert sein Handy: Die Staatsanwaltschaft. „Wie, was, ihr braucht jetzt meine Laptops? Sorry, aber heute haben meine Liebsten Vorrang." Er legt auf. „So, Leute, wer hat Lust auf ein Eis?"

LEBEN 5. März 2021

Zeugenschutzprogramm: Blümels Laptop ist jetzt Jausenbrett in Vorarlberg

Er hat bei der Polizei ausgepackt, jetzt ist er in großer Gefahr: Der Laptop von Gernot Blümel befindet sich seit einigen Tagen im Zeugenschutzprogramm. Ein Investigativ-Team der TAGESPRESSE spürte ihn jetzt in Vorarlberg auf. Der Laptop packt nun aus über sein neues Leben und erzählt, wieso er mit den Behörden kooperiert.

ARLBERG – „Wie habt ihr mich gefunden?", fragt das Jausenbrett und zieht an einer E-Zigarette. Wir befinden uns auf einem Bergbauernhof in 1300 Metern Seehöhe. „Find my Macbook? Scheiße, ich hab vergessen, das Internet abzudrehen." Die dunkle Vergangenheit hat den ehemaligen Laptop eingeholt.

In der ÖVP herrscht der alte sizilianische Grundsatz: Wer beim Staatsanwalt „singt", der gilt als Verräter. Festplatten fand man dann oft nur noch in Einzelteile zerschreddert, einem Drucker wurde ein Ziegel ins Papierfach gelegt, bevor man ihn in die Donau schmiss, Reinhold Mitterlehner wird seit 2017 vermisst.

Neues Leben
„Jausenbrettl", wie sein neuer Name lautet, weiß, dass sein altes Jetset-Leben an den Hebeln der Macht vorbei ist. „Als Erstes hab ich mir gleich mal die Nuller-Taste vom Keyboard gerissen. Ich muss das realistisch sehen, ich werde hier oben auf der Berghütte nie wieder ein Budget erstellen." Behalten will er jedoch die „Entf"-Taste. „Aus nostalgischen Gründen. Was der Gernot und ich immer tagein, tagaus gelöscht haben, das kannst nicht erfinden."

Chaotisch
Der Umzug ging spontan und chaotisch vonstatten. „Die Laptoptasche musste ich zurücklassen. Ich durfte nur meine Ehefrau mitnehmen, die kleine Maus. Sie hat jetzt auch eine neue Identität bekommen und arbeitet Teilzeit als Stein im Bregenzerwald."

„Natürlich ist es eine Umstellung", erzählt das Holzschneidbrett. „Bisher spürte ich den ganzen Tag die sanften, wohlriechenden, von der Sauna leicht verrunzelten Finger des Finanzministers, wenn er jeden Morgen mit mir spazieren ging. Jetzt gerade liegt bestialisch stinkender Bregenzer Bergkäse auf mir."

Aus Sicherheitsgründen lebt der Ex-Laptop rund um die Uhr mit abgeklebter Kamera. Außerdem genießt er Polizeischutz der Spezialeinheit Avira. Zu groß ist die Angst vor Rache. Besonders der brutale Schredderfreak Arno M. hat es immer noch auf ihn abgesehen. „Er malträtiert seine Opfer gerne, bevor er sie schreddert, er zieht ihnen die CD-Laufwerke einzeln raus, leert Kaffee über die Tastatur. Einfach nur krank."

Das Jausenbrett dreht seinen Ton leiser, schaut ins Tal und wird emotional. „War es das alles wert? Immer wieder hab ich das Gefühl gehabt, für den Gernot existier ich gar nicht. Aber ich glaub, er denkt gerade an mich. Vor allem, weil er das Budget 2021 und 2022 auf mir gespeichert hat ohne Back-up."

Wehmut
Manchmal, in ruhigen Momenten, da vermisst er sein wildes Leben. „Was haben wir für krasse Dinger gedreht", seufzt er. Sein Kühler heult auf. „O nein, nicht schon wieder!", ruft er entsetzt. Die Bäuerin bringt gerade einen frischen Schweinsbraten. „Bitte, nehmt mich mit nach Wien, Oida, ich halte es hier nicht aus, bitte, lieber tot als

das hier, die reden ned mal deut …" Sein Wehklagen wird erstickt in Massen von Schweineschmalz, die seine Lüftung verstopfen. Wir verlassen den Bergbauernhof mit einem mulmigen Gefühl. Wird auch sein Ex-Besitzer Gernot einmal enden wie er und Schmalz ausfassen?

LEBEN   9. März 2021

Ist der Impfstoff wirklich sicher? Mann wird nach Impfung von Auto überfahren

Foto: BFK Urfahr-Umgebung

Bereits 580 000 Menschen erhielten in Österreich ein Corona-Vakzin. Doch die Skepsis ist groß und wird nun durch einen Fall aus Oberösterreich befeuert. Dort wurde ein Mann zwei Wochen nach seiner Impfung von einem Auto überfahren. Hatten die Querdenker am Ende doch recht?

LINZ – „Finger weg! Der Impfstoff könnte noch leben und uns alle erwischen!", schreit die Notärztin die Sanitäter an. Mit ABC-Schutzanzügen begehen bewaffnete Soldaten die Unfallstelle. Wurde jener

Mann, der hier soeben von einem SUV mit 160 Stundenkilometern im Ortsgebiet niedergefahren wurde, womöglich Opfer der Pharmalobby?

„Ein Skandal, man hätte den Impfstoff vor der Zulassung länger prüfen sollen, dann würde dieser Mann vielleicht noch leben", findet auch der Querlenker Mario H., der am Steuer saß.

Untersuchung
„Schonungslose Aufklärung" versprechen nun die Behörden in einem Kettenbrief via Telegram. Auch die 33 anderen Verkehrstoten aus dem Jahr 2021 sollen jetzt genau überprüft werden. Auffällig: Seit dem Unfall verhält sich Microsoft-Gründer Bill Gates auffallend ruhig. Ein Zufall?

Skepsis
Die Linzerin Hertha G. lebt derzeit jedenfalls in Angst: „Ich wurde gestern geimpft und trau mich seither nicht mehr nachts in schwarzer Kleidung bei Rot über die Kreuzung krabbeln." Ihr Ehemann Walter G. schüttelt mit dem Kopf. „Ich werd mir sicher nix in meinen Körper impfen, wo die Auswirkungen nicht klar sind. Bei einer Corona-Infektion weiß ich immerhin, was ich bekomm."

Walter spült sieben Parkemed mit einem Bier runter, da er sich gestern an der Fernbedienung den Daumennagel leicht eingerissen hat. „Sicher ist sicher", sagt er und nascht eine ganze Packung Breitbandantibiotikum.

Schockmeldungen
Aus der ganzen Welt vernimmt man zunehmend Horrormeldungen nach verabreichten Impfungen. In Palermo starb eine 112-jährige Frau nur drei Stunden nach der Impfung bei einem Surfunfall. Auf Haiti konnte die Leiche eines 1686 verstorbenen Piraten trotz Impfung nicht wieder zum Leben erweckt werden.

Trauriger Höhepunkt: Einem Niederländer fiel nach der Impfung mit AstraZeneca sogar sein iPhone in die Toilette. Auch AstraZeneca gesteht nun ein: „Die Todesfälle sind leider bedauerliche Einzelschicksale, aber das mit dem Handy darf nicht passieren, da müssen wir unseren Beipackzettel updaten, das kostet dann noch einmal extra."

Protest

Um auf die neue Gefahr aufmerksam zu machen, hat FPÖ-Klubchef Herbert Kickl zu einer neuen Demo aufgerufen. FPÖ-Wähler, Querdenker und Neonazis treffen sich nächsten Samstag, um gemeinsam in der Abenddämmerung auf der A1 gegen die Fahrtrichtung spazieren zu gehen.

LEBEN   11. März 2021

Raser nur der Anfang: „Zweite Kassa"-Schreier könnten Einkaufswagerl verlieren

Foto: Georges Schneider / picturedesk.com

Nicht nur Raser sollen künftig ihr Auto verlieren. Auch die besonders rücksichtslosen „Zweite Kassa"-Schreier im Supermarkt müssen mit massiven Strafverschärfungen rechnen. Bei wiederholten Vergehen können Supermarkt-Securitys sogar die Einkaufswagerln beschlagnahmen.

WIEN – 8:00 Uhr früh im Billa am Praterstern. „Da sans immer unterwegs", sagt Christa Nafissi und zeigt auf eine Schlange vor der Kassa. „So rücksichtslos, hier gehen ja auch Familien mit Kindern einkaufen!"

Um 8:01 Uhr ist es so weit: Der erste „Zweite Kassa"-Schrei hallt gespenstisch durch die Gänge. Alle zucken zusammen. Kinder weinen. Einer schockierten Seniorin fällt schockiert der Eierlikör aus der Hand. Szenen wie diese gehören in Österreich immer noch zum Alltag.

Strafen wirken nicht
Bisherige Strafen, von kleinen Geldbußen bis hin zu Nachschulungen bei Elmayer und Fahrsicherheitstrainings in der Dr.-Jörg-Haider-Fahrschule, greifen nicht. Deshalb wird Kassaschreien künftig zum Vormerkdelikt, genauso wie das Anschieben des vorigen Kunden, obwohl dieser noch sein Sackerl einräumt.

„Beim ersten Vergehen gibt's gleich mal eine Eintragung ins Rabattmarkerlheft", erklärt Supermarkt-Security Erkan ernst. „Danach folgt der mehrwöchige Entzug der Jö-Karte." Ein Kunde seufzt: „Wegen meiner Vormerkung krieg ich jetzt nur mehr fünf Prozent auf Teigwaren und Frischfleisch in Bedienung." Ihm droht nun sogar eine Nachschulung beim Hausverstand.

„Schlag ins Gesicht"
„Erst mein BMW, jetzt das Einkaufswagerl, das ist ein Schlag ins Gesicht", sagt der leidenschaftliche Raser und Alltags-Rowdy Werner Gamper, 32, Tierpräparator. Wie Tausende andere Österreicher weiß er nicht, wie er ohne Rasen seine Gefühle ausdrücken soll. „Ich hab mir jetzt einen Weber-Grill gekauft, vielleicht funktioniert's ja damit." Gruber starrt in die Ferne und presst eine kleine Träne zurück in seine Tränendrüse.

Auch Gerlinde S. aus Hallein ist verwirrt: „Ich schrei ja bitte nicht zum Spaß unfreundlich nach vorne, sondern weil ich die überarbeitete Kassierin quälen und ärgern will, weil irgendwie ist das in meinem Leben noch das Einzige, was mir so eine Art sadistische Freude bereitet, arg, oder? Hahaha, na wurscht." Dann hustet sie noch kurz durch die Gemüseabteilung. „Mein zweites Hobby."

Deprimierende Statistik
Das Problem ist durchaus ernst. Das Kuratorium für Verkehrssicherheit zählte im vergangenen Jahr 14 580 „Zweite-Kassa"-Schreier und 890 Einkaufswagerlauffahrunfälle.

„Ich hab schon zu oft mitansehen müssen, wie unschuldige Schuhe zerkratzt wurden", schüttelt auch Security Erkan mit dem Kopf. Das Billa-Management kann sich noch härtere Maßnahmen vorstellen: „Für notorische Schreier wird es in der Feinkostabteilung keine Zahnstocher mit kleinen Speck-Häppchen zum Probieren geben."

Hoffen auf Technik
Doch langfristig lösen lässt sich das Problem des Schreiens und Drängelns nur durch Automatisierung. Elon Musk will noch heuer das erste selbstfahrende Einkaufswagerl präsentieren, das automatisch Self-Checkout-Kassen ansteuert. Doch bis wir die menschliche durch künstliche Unintelligenz ersetzen können, werden wohl noch viele Jahre und noch mehr Schreie vergehen.

POLITIK   16. März 2021

„Ist nur eine Momentaufnahme": Matura-Ergebnis gilt maximal 48 Stunden

Nach dem Wegfall der verpflichtenden mündlichen Matura müssen sich die Schülerinnen und Schüler auf die nächste Änderung einstellen: Die Testergebnisse gelten nur noch zwei Tage. Danach muss die Matura wiederholt werden.

WIEN – „Das Ergebnis der schriftlichen Matura ist nur eine Momentaufnahme. Ist es heute positiv, kann es in drei Tagen schon wieder negativ sein. Anders als bei den Nasenbohrertests überlassen wir hier nichts mehr dem Zufall, sondern nur noch der reinen Willkür", erklärt Bildungsminister Heinz Faßmann und überreicht einem Grundwehrdiener Kuli und Papier, damit dieser die Matura abnehmen kann.

„Puh, das wird zach bei der Jobsuche", klagt Schülerin Hannah aus dem Gymnasium Gmunden. „Ich muss jetzt vor jedem Bewerbungsgespräch im Sommer noch mal die Matura machen." Klassenkollege Fabian sieht es positiv: „Ich rechne mit über 14 Maturareisen. Pro Monat! Saugeil! Und wegen Syphilis bin ich dann auch gleich untauglich, super."

Eintrittstest für Universitäten
Die Matura-Schnelltests dauern nur fünf Minuten. In diesem Jahr müssen die Schülerinnen und Schüler in Deutsch einen der folgenden Texte auswählen: einen dadaistischen Emoji-Briefwechsel zwischen Hartwig Löger und Heinz-Christian Strache, den Roman „In 80 Tagen um die Welt" von Gernot Blümels Laptop und ein postmodernes Gedicht über den fiktiven Geschlechtsakt auf einer vierzig Grad heißen Tanzfläche einer Après-Ski-Bar aus der Perspektive eines unzuverlässigen Ich-Erzählers von Mag. Andreas Gabalier.

Wer besteht, erhält sein Zeugnis per E-Mail, SMS oder – auf Wunsch – persönlich ausgedruckt. Ein positives Ergebnis gilt für zwei Tage als Eintrittstest für Universitäten und Fachhochschulen sowie als Abschlussarbeit an der FH Wiener Neustadt.

Matura-Straßen
Für eine rasche Abwicklung sollen in allen Bezirkshauptstädten sogenannte Matura-Straßen errichtet werden. Ebenfalls geplant ist die Wohnzimmer-Matura, bei der man sich selbst testen kann. „Die Wohnzimmer-Matura gilt aber nicht als Eintrittstest für österreichi-

sche Universitäten, sondern nur für die in Bratislava", betont Faßmann.

Kritik
Gegenwind erreicht das Bildungsministerium derzeit aus Tirol, wo bereits ein Bus Richtung Wien fährt, um gegen die Matura zu demonstrieren. „Des isch eine Erfindung des Systems", schreit ein Tiroler durch den Bus. „Es gibt gar keine Bildung, oder sehen Sie hier irgendwo eine?" Er blickt sich um, die Mitreisenden johlen. „Wir sind so schön, wir sind so hohl, wir sind Mutantons aus Tirooool!"

LEBEN 17. März 2021

Nein zur Segnung Homosexueller: Kirche bereits mit Kühen und Feuerwehrautos ausgelastet

Foto: Tagespresse

Das Nein des Vatikans zu einer Segnung homosexueller Paare sorgt für Diskriminierungsvorwürfe. Doch ist der wahre Grund viel harmloser? Der Kirche zufolge hat die Absage rein logistische Gründe. Demnach seien die Priester bereits mit der Segnung von Kühen und Feuerwehrautos voll ausgelastet.

VATIKAN/NIEDERÖSTERREICH – Ein ganz normaler Tag in einer Pfarre im Mostviertel. „Sechs Kühe, 17 Traktoren, ein Löschzug der freiwilligen Feuerwehr Purgstall, zwanzig Gewehre, drei Jauchegruben, ein Atomreaktor, elf neue Keller in Amstetten, null Homosexuelle", geht der Pfarrer Walter Lubitsch seine Segnungsliste durch und streift sich sein liturgisches Gewand über.

Lubitsch blickt auf die Uhr. „Hurerei, so spät schon, äh, Entschuldigung, mein Vater, bestrafe mich für diese verbale Entgleisung, ich bin nicht würdig, dass du eingehst unter mein Dach." Lubitsch verschwindet im Beichtstuhl zu einer extrem kurzen Powerbeichte. Mehr Zeit hat er heute nicht. Er ist unter Strom und rast mit einem Papamobil-Uber zum ersten Bauernhof nach Prasdorf. „Jede Sekunde zählt. Stellen Sie sich vor, so eine Kuh geht ungesegnet ins Bett!"

Stressiger Alltag
Nach getaner Arbeit hetzt Lubitsch zum nächsten Termin, am Headset vereinbart er neue Segnungen, während er beim ADEG ein Steigerl stilles Mineralwasser kauft, das er sich schnell in Weihwasser umsegnet. „Ein neuer Laptop? Ja, gern, Herr Finanzminister. 16:12 Uhr? Um 16:08 Uhr bin ich leider schon bei der Eröffnung eines illegalen Automatencafés von Novomatic und um 16:17 Uhr bei der Segnung des neuen Sweatshops der Hygiene Austria."

Stressig: Auch im Ausland ist die Kirche voll ausgelastet.

Für die LGBTQ+-Community bleibt im dicht getakteten Kalender von Lubitsch einfach keine Zeit. „Wirklich, ich hab nix gegen diese neue Jugendmode aus Amerika, dass man sich da jetzt völlig wider die Natur abartigen Gelüsten hingibt, die der liebe Herrgott mit Fegefeuer und Aids bestraft, das ist total okay für mich, wobei ich die Vermischung von Gendernormen kritisch sehe", sagt er und zupft sich sein Kleid zurecht.

Trick
„Wir würden so gerne den Segen der katholischen Kirche haben", erklären Gerald und sein Partner Harald. „Deshalb verkleiden wir uns jetzt als Feuerwehrauto." Er montiert seinem Partner Reifen an die Schuhe, setzt sich ein Blaulicht auf und rollt Richtung Kirche.

Pfarrer Lubitsch ist begeistert. „Die eigene Identität unterdrücken und sich maximal konformistisch verhalten, Sie werden es noch sehr weit bringen in Österreich." Er hat eigentlich keine Zeit, gibt den beiden aber einen Notfallsegen. „Da, wischts euch zweimal über die Motorhaube", lächelt er und wirft zwei Feuchttücher aus dem Autofenster.

Sünde
Doch was sagt man im Vatikan zu dem heiklen Thema? „Homosexualität ist eine schreckliche Sünde, das steht sicher irgendwo in der Bibel", erklärt auch der Bischof und Compliance-Beauftragte im Vatikan, Monsignore Rocco il pedofilo. Er selbst kann heute leider nicht Hand anlegen, um die vier Pizzen in der Kantine zu segnen. „Tennisarm, hab gestern wieder zwei Stunden Ministranten ausgegriff-, äh, ausgebildet."

Für ihn steht nach jahrelangem Bibelstudium nämlich eines fest: „Gott hat Eva sicher nicht aus einer Rippe Adams erschaffen, damit sich Adam nur mit seinesgleichen beschäftigt. Die einzige Art und Weise, wie zwei Männer zusammenleben sollen, findet sich schon in der Stelle mit Kain und Abel beschrieben."

WELT   18. März 2021

Erfolg am Impfbasar: Kurz verhandelt zusätzlich 200 000 Kamele für Österreich

Es klingt fast wie ein Märchen aus *Tausendundeiner Nacht*: Bundeskanzler Sebastian Kurz gelang am Impfbasar ein fulminanter Verhandlungserfolg. 200 000 Kamele sollen noch in diesem Quartal nach Österreich geliefert werden.

MORGENLAND – „He, du, Sultan von Österreich! Nur für dich: halbe Preis mal zwei", ruft ein Händler dem Kanzler zu und hebt einige Vakzine hoch. Kurz spitzt sofort die Ohren, er spürt, hier liegt ein Deal in der Luft. Am Basar herrscht heute reges Treiben, es duftet nach Safran aus dem iranischen Hochland, Datteln aus dem Jordantal und Wella-Haarspray vom Bipa Meidlinger Hauptstraße.

Fliegende Teppiche
„Salam aleikum! Ich will das jetzt selbst in die Hand nehmen, auf die Kalifen in Brüssel ist leider kein Verlass", sagt Kurz, steigt aus seiner Geilo-Sänfte und streift sich über seinen weißen Slim-Fit-Kaftan. „Wie ich das Thema *ungerechte Kamelverteilung* angesprochen hab, sind einige von ihren fliegenden Teppichen aus allen Wolken gefallen."

Am Basar gelten andere Gesetze. Hier wird um jeden Dinar gefeilscht. „Euro ist Teuro", scherzt der österreichische Sultan mit einem Händler. Kurz und sein unterwürfiger Wesir Gernot Blümel gönnen sich im Schatten eines Straßencafés eine kleine Pause und rauchen eine Shisha mit der Geschmacksrichtung Aperol Spritz.
Plötzlich geht eine ältere, offenbar sehr vermögende Dame an Kurz vorbei und zückt ihre Brieftasche. „Sesam, öffne dich!", ruft Kurz. „Ah, ups, hab ich das jetzt laut gesagt, sorry, alte Gewohnheit."

Edle Käufe

Mit dem Blick eines Kenners prüft Kurz einen handgeknüpften Teppich aus Teheran. „Den großen Perser, bitte, für meinen Journalisten-Harem in der Lichtenfelsgasse. Damit sie vom vielen Hinknien keine Schmerzen bekommen."
Kurz bleibt vor einem mysteriösen Objekt stehen. „Was ist das?" „Eine Wunderlampe, die dir alle Wünsche erfüllen kann." Kurz ist begeistert. „In Österreich nennen wir das *Kurier*." Kurz reibt daran. Ein Flaschengeist mit dem Kopf von Anschober steigt empor: „Du hast drei Wünsche frei, mein Gebieter. Wähle weise, denn die nächsten Wünsche werden entscheidend sein." „Die nehm ich auch", sagt Kurz. Sein Diener Peter El Eppinger wickelt die kostbare Lampe in mehrere Inserate ein.

Harte Verhandlung

Gestärkt von einem Hugo-Minztee wird Kurz zu den Kamelen geführt. „199 999 Stück nur für Sie – und ein Kamel für Bulgarien", sagt der Händler. Blümel rechnet die Zahl mit einem Abakus nach. Kurz füttert ein Kamel mit Punsch und Maroni an. „Gekauft", lächelt der Kanzler. „Meine getreuen Mitarbeiter Arno und die vierzig Schredder setzen den Vertrag auf."
„Halt! Stopp! Was ist das da oben drauf?", will Blümel wissen. „Das sind die Höcker, darin können die Kamele sehr viel speichern", erklärt der Händler. Blümel wird neugierig. „Und alles, was in diesen Höckern gespeichert wird … das ist sicher?" „Ganz sicher", betont der Händler. „Dann nehm ich privat noch sechs Kamele, mit Adapter für Windows 10, bitte."

POLITIK   19. März 2021

Mit Corona auf Intensivstation: Kickl fordert Parteiausschluss von Haimbuchner

Foto: Helmut Fohringer / APA / picturedesk.com

Der oberösterreichische FPÖ-Landeschef Manfred Haimbuchner liegt wegen einer Corona-Infektion auf der Intensivstation. Dieses Verhalten widerspricht jedoch der Parteilinie, weshalb Klubobmann Herbert Kickl nun den sofortigen Parteiausschluss fordert.

WIEN – Kickl hetzt von einem Termin zum nächsten. Als wäre der Tag des FPÖ-Chefs nicht schon stressig genug, muss er sich auch noch um einen Verräter in den eigenen Reihen kümmern, der plötzlich an die große Corona-Verschwörung glaubt.

„Der Manfred ist raus, diese manipulierte Moderna-Marionette der Massenmedien, dieser peinliche Pharma-Pinocchio. Da bleibt mir wirklich die Luft weg", hustet Kickl, während er wie jeden Vormittag ohne Maske seine Joggingrunde durch ein Kinderkrankenhaus dreht.

Getrübte Stimmung
Er kommt verschwitzt aus dem Spital und zieht sich für seinen nächsten Termin „Kuscheln mit Kickl" um. Heute Nachmittag um-

armt er mehr als 5000 FPÖ-Fans im Wiener Prater, um sie mit seiner Lebensfreude anzustecken. Doch irgendwas belastet den sonst so fröhlichen Mann.

„Wie kann es sein, dass der Manfred einfach vergisst, dass das nur eine gewöhnliche Grippe ist? Lieber Manfred, gut gemeinter Tipp, weniger Glaube an die pathologische Panikmache von selbsternannten Spritzenexperten, und mehr Glaube ins eigene Immunsystem und an den Volkskörper. Bier und Speck statt Biontech!" Kickl versucht, über seinen eigenen Witz zu lachen, dann fällt ihm ein, dass er keinen Humor hat, und er bricht hustend zusammen.

Einfache Parteilinie
Auf dem Weg zum nächsten Termin. Zur Stärkung seines Immunsystems schleckt Kickl die Haltestangen in der U-Bahn ab. Dann seufzt er, denn sein monatelanger Kampf gegen die faschistische, diktatorische Zwangsrealität sowie die 41 °C Fieber gehen langsam an seine Substanz.

„Unsere Parteilinie ist sehr einfach: Wir sind gegen Zwangsimpfung, gegen Zwangsmaßnahmen und für die Zwangserkrankung. Der Geruchssinn ist wie das Leben – komplett überbewertet."

Vertuschungsskandal
Kickl ortet eine gezielte Vertuschung in den Mainstream-Medien: „Diese Krankenschwester, die nach der Impfung gestorben ist, das geht mir so nahe, aber von den linksextremen Lakaien bei *Krone* oder *Kurier* oder dem ostküstengesteuerten Orwell-ORF hört man immer nur von irgendwelchen 8700 Menschen, die an Corona gestorben sind. Wo ist da die Verhältnismäßigkeit? Wie viele sterben noch im Namen der geldgierigen Großkonzerne an der GIS-finanzierten Giftspritze?"

Kickl verabschiedet sich. Er muss schon zum nächsten Termin, „Küsschen von Kickl", in ein Seniorenheim im dritten Bezirk.

LEBEN 29. März 2021

Wollte kleine Abkürzung nehmen: Ever Given steckt im Wienfluss fest

Das ist wohl jedem schon einmal passiert! Nachdem der Kapitän der Ever Given einen Penis ins Rote Meer gemalt und tagelang den Suezkanal blockiert hat, verstopft er seit heute die zweitwichtigste Handelsroute der Welt: den Wienfluss.

WIEN – „Oops! ... I did it again" von Britney Spears scheppert aus den Boxen der Kommandobrücke. Der Kapitän der Ever Given ext ein Stamperl Schnaps und starrt regungslos auf die tödlichen, zwei Zentimeter großen Wellen des Wienflusses. „2021 ist ehrlich gesagt nicht mein Jahr", seufzt er. Die Matrosen schließen schnell die Luken, denn die Angst vor Piraten nahe dem gefürchteten Kap Meidling ist groß.

Kleine Abkürzung
Erst heute früh konnte das Containerschiff aus dem Suezkanal befreit werden, und jetzt das. „Ich wollte die Zeit wieder reinholen und eine kleine Abkürzung nehmen." Doch der unter Seefahrern gefürchtete Wienfluss kennt keine Gnade. Immer wieder kommt es hier zu schrecklichen Katastrophen. Im Jahr 1389 verlor der

portugiesische Kapitän Mario Vale vier Boote und 700 Mann beim Versuch, einen Seeweg in die sagenumwobene Seestadt Aspern zu finden.

Traditioneller Gruß
Aufzeichnungen belegen, dass der Kapitän der Ever Given (dt. „Gib erm!") bei der Einfahrt in den Wienfluss übermütig wurde und einen Penis ins Wasser zeichnete. „Ich dachte halt, das ist hier in Wien so der traditionelle Gruß, und das gehört zum guten Ton dazu", erklärt er reumütig und zeigt auf die 500 weiteren Peniszeichnungen an den Mauern und Brückenpfeilern entlang des Wienflusses.

Die Folgen für die Weltwirtschaft könnten katastrophal werden. Hinter der Ever Given bildet sich bereits ein langer Stau aus Schiffen, Bisamratten und Skatern, die bekifft in den Wienfluss gefallen sind.

„Jetzt müssen wir versuchen, unsere Container umzuladen", seufzt der Kapitän. Die nahe liegende U4 signalisierte die Bereitschaft, die Fracht von 50 000 Kebabs aufzunehmen.

Politik reagiert
Inzwischen hat die Politik den Frachter zur Chefsache erklärt. „Das pack ma scho", lacht Bürgermeister Michael Ludwig, der auf einem Floß aus gefrorenen Schnitzeln auf die Ever Given zufährt. Ein Rettungsteam, bestehend aus allen österreichischen Landeshauptleuten, will das Containerschiff bis morgen früh befreien. „Wenn sich wer mit Blockaden auskennt, dann ja wohl wir", lächelt Günther Platter, der auf einer alten, steifen Lederhose Richtung Frachter surft.

„Und notfalls können wir auch die alten Dampfer reaktivieren", lacht auch Johanna Mikl-Leitner und verweist auf Charly Blecha und Fritz Neugebauer. „Die wissen, wie es ist, wenn man sich jahrelang keinen Zentimeter vom Fleck bewegt." Sollte auch das nichts helfen, dann könnte der jetzige Kapitän abgelöst werden durch den international erfahrenen Steuermann Thomas Schmid.

POLITIK   2. April 2021

Protokoll: Lehrer Pilnacek vorbereitet Schüler Gernot auf die Vernehmung

Wer vorbereitet Gernot Blümel auf seine Vernehmung bei der WKStA? Der suspendierte Justiz-Sektionschef Christian Pilnacek nutzt seine neu gewonnene Freizeit und schlüpft in die Rolle des Lehrers. DIE**TAGESPRESSE** durfte beim Unterricht im Klassenzimmer dabeisitzen.

8 Uhr
Professor-Johann-Graf-Gymnasium, 1030 Wien. Die Glocke läutet den Schulbeginn ein. Lehrer Christian Pilnacek stolziert pfauenhaft in den Klassenraum. Doch er ist der Erste. Das gefällt ihm gar nicht, als er die Anwesenheit aufnimmt. „Blümel? Abwesend. Schmid? Geputscht. Schramböck? Körperlich anwesend, aber geistig abwesend."

8:03 Uhr
Schüler Gernot Blümel flitzt zu spät und nur in Socken in die Klasse. „Big Sorry, Herr Fessor, voll verschlafen, hab mir den Wecker auf 7.000 Uhr gestellt." Blümel setzt sich auf einen Sessel und klebt sich mit Tixo daran fest. „Grüß Gott!", schreit Pilnacek streng und schaut auf die Uhr. „Grüß Gernot!", lächelt Blümel. Die erste Frechheit.

Pilnacek trägt ein Minus ins Klassenbuch ein. Blümel wird kreidebleich: „Aber ich war noch nie im Minus, bitte!"

„Wo sind deine Schlapfen?", fragt Pilnacek schroff. „Ich hab keine Schlapfen, die Socken sind rutschfest", lächelt Gernot. „Das geht schon einmal gut los", murmelt Pilnacek. Das zweite Minus. Der Lehrer hat sich bereit erklärt, den Problemschüler Blümel auf seine Vernehmung vorzubereiten. Ein Burnout-Job, den vor ihm schon Dutzende Pädagogen hingeschmissen haben.

8:23 Uhr

Gernot wippt auf seinem Stuhl. „Was machst du da?", fragt Pilnacek. „Ich versuch, die perfekte Balance zu finden", lacht Gernot. „Hör auf mit dem Schas, deine Vernehmung ist morgen, die geilste Zeit ist vorbei, jetzt beginnt der Ernst des Lebens." Pilnacek teilt ein Schulbuch aus: „Das wichtigste Fach, wenn du dem Staatsanwalt gegenübersitzt: Jägerlatein."

Der störrische Schüler hört auf zu wippen. „He! Spielst du da unterm Tisch am Handy?", schreit Pilnacek. „Ich hab kein Handy", lächelt Blümel. „Ah ja, stimmt, mein Irrtum, ich habe ja selbst keines. Na gut, Laptop raus, mitschreiben." „Ich hab auch keinen Laptop." „Dann schreibst auf einem Zettel mit." „Ich darf nicht schreiben, das erlaubt der Sebastian nicht. Jedes Schriftl is a Giftl", sagt Gernot.

Pilnaceks Halsschlagader pulsiert bedrohlich. „Jetzt hoach einmal zu, du Rotzpippn, wer vorbereitet Gernot auf seine Vernehmung? Wer vorbereitet ihn? Ha? Ich vorbereite ihn!" Gernots Lächeln friert ein. „Tschuldigung, Herr Fessor."

9:07 Uhr

„So! Lektion eins: Sag den Kiwarern nix ohne deinen Anwalt – he, Gernot! Was machst du jetzt schon wieder, du elendiges Gfrast?"

Gernot versucht gerade, mit seinem Laptop im Arm aus dem Fenster zu klettern. „Äh ... wollt ihn nur kurz Gassi führen." Pilnacek erteilt eine Klassenbucheintragung. „Wo hast du den Laptop plötzlich her? Ich hab gedacht, du hast keinen?" „Ich hab einen Laptop und ich hab keinen", erklärt Blümel. „Das hab ich in Physik gelernt: Schrödingers Laptop!"

Als Pilnacek gerade etwas an die Tafel schreibt, wirft ihm Schüler Gernot frech ein Papierbemmerl in die Haare. Pilnacek verliert die Fassung: „Das ist ein Putsch!!" Pilnacek beginnt mit einer Hausdurchsuchung von Blümels Tisch und stellt vierzig abschussbereite Papierbemmerln sicher.

10 Uhr: Große Pause im Schwarzen Kameel
Endlich Zeit zum Durchatmen. Gernot wagt sich in die Raucherecke zu den coolen Kids. „Ich hab am Wochenende einen ganzen Aperol Spritz getrunken", sagt er so laut, dass es alle hören können. „Magst was Grünes?", fragt ihn der etwas ältere Schüler Werner K. Schüchtern nimmt Gernot einen Zug. Er hustet und hält sich an der Mauer fest. Die Coolen lachen.

10:15 Uhr: Unterricht geht weiter
Mit roten Augen sitzt Gernot wieder in der Klasse. „Lektion zwei! Alles, was du sagst, kann vor Gericht gegen dich verwendet werden." Blümel grinst. „Mhmm, Gericht, ich hab eh voll Hunger", sagt er und bekommt plötzlich mitten in der Stunde einen Lachflash. Drittes Minus.

12:02 Uhr: Leibesübungen
Um Blümels überschüssige Energie loszuwerden, wechselt Lehrer Pilnacek mit ihm in den Turnsaal. Mit Dehnübungen soll die Wahrheit bis zur Unkenntlichkeit verzerrt werden, beim Völkerball übt Gernot, kritischen Fragen auszuweichen, beim Seilklettern lernt er, geschickt alle Seilschaften zu nutzen. Die Dusche bleibt danach unbenutzt. „Ich bin von Geburt an supersauber", erklärt Blümel.

15 Uhr: Technisches Werken
„Heute basteln wir ein Alibi", erklärt Pilnacek und holt aus der Werkkammer ein Kilo Kleister. „Wo warst du am 16. Februar 2019?" „Da war ich noch nicht auf der Welt", antwortet Gernot. „Aber du bist doch bereits 39 Jahre alt?!", fragt Pilnacek entgeistert. „Dazu habe ich keine Wahrnehmung." Pilnacek lächelt. Spät, aber doch macht der Problemschüler Fortschritte.

18 Uhr: Sprechstunde
Kann das noch was werden mit dem Gernot? Lehrer Pilnacek lädt seinen Erziehungsberechtigten in die Sprechstunde. Sebastian K.

ist ein vielbeschäftigter Mann. „Sie haben drei Minuten und dreißig Sekunden", begrüßt er Pilnacek. „Er vorbereitet den Gernot", sagt Gernot und zeigt auf Pilnacek. K. lächelt zufrieden. Mit seinem Vater in der linken und seinem Laptop in der rechten Hand schlurft Gernot heim. Morgen ist seine große mündliche Prüfung. Hoffentlich findet er bis dahin seine Schlapfen.

LEBEN 7. April 2021

ÖBAG sucht Alleinvorstand (m/w/d) – TAGESPRESSE Karriere

Foto: Tagespresse

**Sind Sie bereit für eine sinnvolle Tätigkeit, die der Gesellschaft und den Steuerzahlern einen echten Mehrwert bringt?
Dann suchen Sie weiter. Wenn nicht, sind Sie womöglich genau der richtige Kandidat!**

Wir, die Österreichische Beteiligungs AG (ÖBAG), suchen ab sofort einen neuen Alleinvorstand, da unser vorheriger leider zu jung, zu schön und zu intelligent war.

IHRE AUFGABEN:
- Sie verantworten ein aufgeblasenes Aktiendepot (26,6 Mrd. EUR).
- Sie loggen sich einmal wöchentlich bei Flatex ein und schauen zu, wie die Zahlen rauf und runter gehen (rauf ist besser, Anm.).
- Sie stellen sicher, dass der grüne Balken im George-Onlinebanking höher ist als der rote.
- Kenntnis über die korrekte Nutzung von Messer und Gabel (für Kanzlerfest im Palais Schönburg);
- Auftritt in parlamentarischen U-Ausschüssen bei Skandalen.

IHR PROFIL:
- Sie verfügen über internationale Erfahrung.
- Sie lieben unseren Kanzler.
- Sie sind verhandlungssicher in Wort, Schrift und Emoji.
- Sie übergeben gerne Verantwortung.
- Penis von großem Vorteil; falls kein Penis vorhanden: Sie sind kein Scheiß-Quotenweib und steuerbar.
- Sie haben schon einmal eine Aktie gekauft, oder zumindest kennen Sie jemanden, der das gemacht hat (notfalls zählt auch Bausparvertrag).
- Nicht gefestigte, puddingartige Persönlichkeit.
- Sie sind bereit, für Ihren Job regelmäßig umzuziehen und regelmäßig zu ziehen.
- Sie vorbereiten sich gerne auf Verhöre.
- Sie kommen auch mal einige Wochen ohne Handy aus.
- Sie nehmen Staatsanwälte gerne mit auf eine Customer Journey durch Ihre Wohnung.
- Sattelfest im Umgang mit Word, Excel, Papierkorb und Schredder.
- Hohe Reise- und Spazierbereitschaft, auch mit elektronischen Geräten.
- Sie können bei Abendveranstaltungen auf ganzer Linie überzeugen.
- Wenn der Sebastian von der Brücke springt, dann springen Sie auch.

DAS ERWARTET SIE:
- Sie kriegen eh alles, was Sie wollen.
- Sieben verschiedene Wertkarten-Diensthandys mit Telegram vorinstalliert; regelmäßig frische Festplatten;

- Anrufe des Kanzlers um 02:00 Uhr;
- Anrufe des Kanzlers um 03:00 Uhr;
- Anrufe des Kanzlers um 04:00 Uhr;
- Flexible Arbeitszeiten mit Homeoffice- und Fußfesselmöglichkeit;
- 25 Urlaubstage pro Jahr, U-Haft nach Absprache möglich; 400 000 – 610 000 EUR jährlich brutto, Bereitschaft zur Überzahlung bei entsprechender JVP-Erfahrung möglich.
- Sie werden so glücklich sein!

Bewerbungen sind bitte an sebastian.kurz@bka.gv.at zu richten (Kennzahl „Tu es für mich 😘").

POLITIK 9. April 2021

Nach großem Rewe-Erfolg: Niederösterreich wird in *Wien Plus* umbenannt

Mit der Umbenennung von *Merkur* in *Billa Plus* hat Rewe ein goldenes Händchen bewiesen. Jetzt folgt die österreichische Landespolitik diesem Modell. Niederösterreich ist Geschichte und wird zu *Wien Plus*.

WIEN PLUS – Das Re-Branding von *Merkur* zu *Billa Plus* ist ein durchschlagender Erfolg: Die Kunden sind begeistert, dass sie in den ehemaligen Merkur-Filialen neben dem bewährten Sortiment nun zusätzlich Sieben-Euro-Avocados, in Plastik verpackte Bananen und in Plastik verpacktes Plastik kaufen können. Auch die zweite Kassa wurde bereits in allen Märkten versiegelt.

Breite Zustimmung
Die österreichische Landespolitik kopiert jetzt diese Idee. Bei einer gemeinsamen Pressekonferenz gaben Johanna Mikl-Leitner und Michael Ludwig heute Vormittag bekannt, dass Niederösterreich in *Wien Plus* umbenannt wird. „Die Bevölkerung wünscht sich diese Umbenennung mit breiter Mehrheit", so die Landeshauptfrau. Das habe eine repräsentative Umfrage unter fünf Wiener Notaren mit Nebenwohnsitz in Retz ergeben.

Landeshauptleute überzeugt
„Die Niederösterreicherinnen und Niederö… ich meine natürlich: Die Wien-Pluserinnen und Wien-Pluser müssen künftig auf nichts verzichten", beteuert Mikl-Leitner, die sich selbst in Johanna Pröll-Plus umbenennen will.

„Wir gehen einen anderen Weg als die Bundesregierung und verbinden das Schlechteste aus beiden Welten: In Wien Plus wird es auch künftig Tausende Kreisverkehre, seelenlose Lagerhaustürme und vergiftete Kartoffelfelder geben. Das Angebot wird aber um eine Taubenplage, Ticketbetrüger mit Mozartperücke, den Matzleinsdorfer Platz und Ursula Stenzel ergänzt."

Auch der Wiener Bürgermeister ist von der Umbenennung voll und ganz überzeugt. „Dass ein neuer Name für etwas Altbekanntes wahre Wunder wirkt, haben wir ja schon mit der Osterruhe bewiesen", so Ludwig. „Ein Schlaganfall Plus, bitte." Der Wirt bringt ein vier Meter langes Wiener Schnitzel.

Nachahmer
Das Vorbild *Wien Plus* scheint auch in anderen Bundesländern Schule zu machen. So überlegt das Burgenland bereits, sich in *Ungarn Plus* umzubenennen. Auch in Vorarlberg liebäugelt man mit dem neuen Namen *Schweiz Minus*. FPÖ-Chef Norbert Hofer ver-

spricht, als Bundespräsident dafür zu kämpfen, dass Österreich endlich wieder *Deutschland Plus* wird.

WELT 12. April 2021

Stelle frei geworden: Thomas Schmid bewirbt sich als neuer Duke of Edinburgh

Morgenluft schnuppert der international gefragte Aktien-portfolio-Manager und nationale Märchenprinz Thomas Schmid. Grund: In Großbritannien ist der renommierte Posten des Duke of Edinburgh frei geworden. Eine Stelle, wie geschaffen für den österreichischen Gagenkaiser.

WIEN/LONDON – „Ich bedanke mich für die Zusammenarbeit, aber es ist nun Zeit für eine neue Herausforderung 😘", schreibt Schmid in seiner Kündigungs-SMS an Bundeskanzler Sebastian Kurz. Neben Schmid liegt eine Zeitung auf dem Tisch. Am Cover sieht man den verstorbenen Prinz Philip. Schmid lächelt. Viel zu lange musste er darauf warten, doch jetzt steht die Tür zum Buckingham Palace weit offen.

Merkwürdige Nachrichten
Frühmorgens in London. Queen Elizabeth II. wirkt heute unausgeschlafen. „Die ganze Nacht hat mein Handy vibriert, irgendein Typ mit so einem lächerlichen Dollarzeichen als Profilbild hat mir ständig auf WhatsApp geschrieben", murmelt sie müde und zeigt uns den Chatverlauf: „Ich liebe meine Queen", „Schmid of Sussex AG fertig?", „Ich brauche auch noch einen Job für Gabi Tamandl, fällt dir was ein, vlt. Vize-Queen?"

Um 4:45 Uhr schreibt der mysteriöse Absender: „Ich will, dass ihr mich dann alle Dick of Edinburgh nennt 🤣". Um 5:06 Uhr: „Wenn ich den Job nicht bekomm, dann stürz ich mich heute in die Themse, und du bist schuld."

Ein Berater der Queen nimmt ihr kurz das Handy ab und wird bleich. „Eure Majestät, die Nachrichten stammen von Thomas Schmid!" Der Queen fällt vor Schreck das Monokel in ihren Frühstückstee. „DER Schmid? Aufsichtsratssammler MMag. Thomas Schmid? Was für eine Ehre! Sattelt die Pferde, wuchtet die Kutschenreifen, wir brauchen einen Staatsempfang, scheiß auf die depperte Staatstrauer, his very very highness Schmidi kommt!"

Triumphaler Empfang
Schließlich landet der royale Businessjet der AUA, Schmid betritt britischen Boden, die Soldaten der Queen's Guard stehen Spalier und schießen eine Ehrensalve in die Luft. Queen Elizabeth II. kniet ehrfürchtig nieder. Schmid überreicht ihr eine Schachtel Mon Chérie. „Guten Tag. Ich bin Thommy I. aus dem Hause Kurz, Herzog von Novomatic, König des Volks der Emojis, Spesenritter von Gottes Gnaden."

Verbittert beobachtet Prinz Charles die Vorgänge, denn er schielt schon seit Jahren auf den Thron, zieht nun aber den Kürzeren. „Und das nur, weil mein neuer Papa das richtige Parteibuch hat. Nennt mich naiv, aber ich träume von einer besseren, gerechteren Zukunft, wo wir einen Menschen nicht mehr anhand seines Parteibuchs bewerten, sondern einzig und allein anhand seines Adelstitels."

Sympathie
Obwohl die Stellenausschreibung nicht zum Profil von Schmid passt, zeigt sich die Queen beim ersten Kennenlernen begeistert. „Ein fauler, arroganter Günstling mit autoritärem Charakter und

rassistischen Freunden, ein perfekter Ersatz für unseren Harry, genial!" Sie zeigt auf ein Foto von Harald Mahrer, der auf der Karriereleiter schon längst weitergeklettert ist.

Beruflich ist Schmid angekommen, doch irgendwas in ihm drinnen vermisst seine Heimat Österreich. „Die Berge, die Landschaft, die steuerbaren Weiber", seufzt er schlaflos. Die Queen dreht sich noch einmal zu ihm um. „Thommy, bitte bleib, kriegst eh alles, was du willst." Um drei Uhr früh schleppt sie sich in die royale Küche, um ihm ein Schnitzel auszubacken. „Aber so, wie sie es im Dots immer machen!", hallt es aus dem Schlafzimmer.

POLITIK   13. April 2021

„Was macht der Mann da?": Blümel versteht Konzept des Rücktritts nicht

Entgeistert verfolgte Finanzminister Gernot Blümel heute die Rücktrittserklärung von Rudolf Anschober. Ein Politiker, der Verantwortung übernimmt und seine Funktion zurücklegt – darf es so etwas in einer westlichen Demokratie überhaupt geben?

WIEN – „Ich kann hören, was der Brillenmann da am Podium sagt, aber die Worte machen keinen Sinn. ‚Rücktritt'? Ist das eine Bauchmuskelübung?", fragt Blümel. „Antworte doch, sprechender Spiegel!", brüllt er den Fernseher an. Verzweifelt macht Blümel Planks auf einer Yogamatte. „Ich spür voll, wie mein Rücken gestärkt wird. Mein Core ist auch ur angespannt. Übernehme ich schon Verantwortung?"

Gift
Die Pressekonferenz von Anschober verfolgen Kurz und Blümel im Situation Room des Club X. „Stopp, was ist das da für eine Flüssigkeit?", murmelt Kurz und zoomt auf Anschobers Augen. „Igitt, ist das Gift? Oder noch schlimmer: AstraZeneca?" Blümel überlegt. „Ich glaub, das ist eine Emotion. Ich hatte das auch mal, als mir beim Spazieren mein Laptop in den Ententeich gefallen ist."

Doch dann hat der Kanzler einen Heureka-Moment, zückt sein Handy und entdeckt auf WhatsApp das weinende Emoji. „Ha, es könnte sich wirklich um eine sogenannte Emotion handeln, die diese sogenannten Menschen empfinden, wenn sie einen Posten nicht bekommen und sich wegen mir in die Donau stürzen."

Nachforschungen
Zur Stunde versuchen alle 59 PR-Mitarbeiter von Kanzler Sebastian Kurz, die Bedeutung des Wortes „Rücktritt" zu eruieren. „Das ist sicher die nächste Kriegserklärung der Grünen", vermutet Kurz paranoid. Nachdenklich schaut er aus dem Fenster. Blümel betrachtet Anschober abfällig. „Krankheit als Ausrede. Was für ein Weichei. Ich bin seit 2015 im Wachkoma und trotzdem als Finanzminister tätig."

Kurz überlegt. „Hm, Rücktritt, Rücktritt, hatten wir so was nicht doch auch schon mal?" Blümel wird ernst. „Ah ja stimmt. Die Christine hat sich ja ihren Doktortitel ehrlich und mit eigenem Geld in Bratislava gekauft und wurde dann von diesen ganzen linken Schmierfinken brutal in den Rücken getreten."

Noch nicht vorbei
Anschober hat sich seinen Rücktritt jedoch einfacher vorgestellt, wie Vizekanzler Werner Kogler erklärt. „Der Rudi hat das Rücktrittsformular leider zu spät bestellt. Die erste Seite kommt im Mai, die zweite dann im August, bis dahin muss er leider doch noch bleiben."
Ärgerlich: Österreich wurden von mehreren Herstellern Formulare angeboten.

Die ÖVP nimmt dies zur Kenntnis. „Wir werden jeden Vorschlag des Koalitionspartners akzeptieren", lächelt Kurz. „Mir ist es egal, welchen Gesundheitsminister wir als Nächstes abmontieren."

LEBEN   15. April 2021

Das sind die zehn wichtigsten Kunstwerke der Menschheit

Kunst begeistert Jung und Alt seit ihrer Erfindung im Jahre 864 n. Chr. durch Claudius Kunst. Wir haben für Sie die zehn wichtigsten Kunstwerke der Menschheit gesammelt und erklären ihre Bedeutung.

Salvador Dalí: Warten auf den Impftermin

Foto: Tagespresse

Der Künstler wartet auf die rettende Impfung. Doch die Kommissionspräsidentin Von der Leyen, symbolisiert durch eine Ente, hat den rechtzeitigen Bestelltermin verschlafen. Welcher Wochentag ist heute überhaupt, welcher Monat, welches Jahr, welches Raumzeitgefüge? Alles scheint im Lockdown zu zerrinnen, die Zeit stehen zu bleiben.

Gustav Klimt: Praktikum in einem österreichischen Medienhaus

Der mächtige, mit Inseraten bekleidete Medienmogul „prüft" die „Qualifikationen" der neuen Mitarbeiterin. Diese träumt derweil von einem Beruf ohne Belästigung und Übergriffe – doch sie träumt nur von warmen Eislutschern. Denn sexuelle Belästigung gehört in der Medienbranche einfach dazu, das ist mittlerweile gerichtlich bestätigt.

Leonardo da Vinci: Das sphinxhafte Lächeln der Mona Lisa beim Anschauen der Regierungs-Pressekonferenzen

Stoisch lächelnd akzeptiert die Mona Lisa ihr Schicksal, während die Regierung im ORF die neuesten Maßnahmen verkündet: Hotels nur geöffnet für berufstätige Linkshänder an jedem dritten Sonntag. Supermärkte dürfen nur abgelaufene Buttermilch verkaufen. Das Haus verlassen geht nur, wenn der Mond im Aszendenten Merkur steht. Was will uns ihr Blick sagen?

Edvard Munch: Der Schrei

Ein Mann, der einfach nur mit seinem Laptop spazieren gehen wollte. Dahinter zwei Staatsanwälte, die ihm auffällig unauffällig folgen. Resultat: Ein verzweifelter Hilfeschrei. Der Maler verschweigt uns die Herkunft des Mannes, aber sein Gesicht, das an ein WhatsApp-Emoji erinnert, verortet ihn in der Epoche der späten JVP. Schätzpreis: 49 000 EUR/Monat.

Grant Wood: Tiroler Coronaleugner vor ihrer Abreise zur Demo in Wien

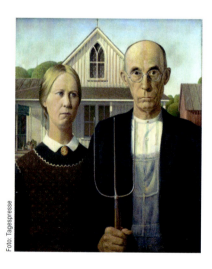

Die Mutantenkutsche wartet bereits. Fest umklammert der Vater das wichtigste Familienmitglied, die Mistgabel. Sie ist zum Empfang von Servus TV genauso hilfreich wie zum Verjagen von Ministern. Lebensfreude haben beide seit ihrer arrangierten Zweckehe keine mehr empfunden. Die Unzufriedenheit über ihre Lebenssituation projizieren sie nun auf „die da oben", die ihnen das Leben schwer machen wollen durch Maßnahmen gegen ein tödliches Virus.

Eugène Siberdt: Verfassen des neuen SPÖ-Parteiprogramms

Wir schreiben das Jahr 1517. Der junge Charly Blecha sitzt in den Gemäuern der Gewerkschaft und verfasst das neue Parteiprogramm der SPÖ. Sein Blick verheißt Eile, denn Charly will es pünktlich bis zum Parteitag im Jahr 2500 an die Tore des Parlaments nageln. Der Totenkopf auf dem Schreibtisch symbolisiert die Kraft und Lebensfreude der aktuellen SPÖ.

Pablo Picasso: Löwelstraße

Ein Werk als Mahnmal. „Never forget", schreit jeder Pinselstrich dieses Panoptikums des Horrors zum Himmel und erinnert an einen der qualvollsten Orte der westlichen Geschichte, die Löwelstraße.

Tod, Leid, Verderben und Hans Peter Doskozil ganz links oben im Eck sind hier gnadenlos auf der Leinwand festgehalten. Picasso verzichtet bewusst auf den Einsatz von Farben, einerseits um die Tristesse zu unterstreichen, andererseits weil es ihm wurscht war und er zu faul war, um irgendetwas wirklich zu Ende zu bringen – eine weitere geniale Referenz auf den titelgebenden Schauplatz.

René Magritte: Ein BVT-Beamter beim Beobachten eines Islamisten

Foto: Tagespresse

Ein pflichtbewusster BVT-Beamter, extrem schlecht getarnt als BVT-Beamter, steht an der Donau und starrt nach Bratislava. Er soll dort einen Islamisten beobachten, doch leider blockiert sein Mittagessen, ein Apfel, den ihm seine Ehefrau an den Hut getackert hat, sein Blickfeld. Eigentlich müsste er den Apfel nur zur Seite schieben, aber mein Gott, es ist jetzt 15:59 Uhr, um 16:00 Uhr ist Dienstschluss, das zahlt sich jetzt auch nicht mehr aus. Experten zweifeln mittlerweile an der Echtheit des Gemäldes. Tenor: „BVT-Beamte essen nur Leberkässemmeln, es handelt sich um eine billige Fälschung."

Pablo Picasso: Die steuerbaren Weiber von Avignon

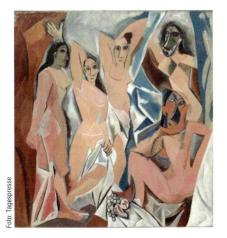

Eigentlich wollte Picasso fünfmal seinen Freund Thomasio Schmid zeichnen, doch die Mäzenin, die das Werk in Auftrag gab, bestand auf einer Frauenquote. Am Ende fanden sich zum Glück diese fünf steuerbaren Weiber. Die Farbkomposition erinnert an die sogenannten Pinky Gloves, ein längst vergessenes Kleidungsstück aus der Zeit vor der Frauenbewegung.

Georges Seurat: Die Gefährder am Donaukanal

Rücksichtslose Gefährder gefährden andere mit ihrer Rücksichtslosigkeit. Sie wissen nicht, dass jeder von ihnen bald jemanden kennen wird, der an der Spanischen Grippe gestorben sein wird. Der Künstler fängt gekonnt die Debilität der Abgebildeten ein: Sie tragen Schirme, obwohl es gar nicht regnet. Besonders dreist: die Dame ganz rechts. Sie schmuggelt ein ganzes Bierfass unter ihrem Rock versteckt ans Ufer.

POLITIK 19. April 2021

Unleserliche Hausarztunterschrift: Angelobung von Mückstein ist ungültig

Die Angelobung von Wolfgang Mückstein als neuer Gesundheitsminister endet mit einem Fauxpas: Die rechtlichen Kriterien wurden nicht erfüllt, da die scheinbar willkürlichen Striche und Kreise auf dem Angelobungsformular nicht als Unterschrift erkennbar sind. Das Prozedere ist damit ungültig.

WIEN – Im Wartezimmer der Hofburg herrscht Hochbetrieb. „Grüß Gott! Haben Sie Ihre E-Card dabei?", begrüßt Mückstein in Badeschlapfen den Bundespräsidenten. „Wie was wo, äh, nein", stammelt Van der Bellen. Mückstein seufzt genervt. „Na, dann müssen S' die halt nachbringen …" Die Angelobung kann ausnahmsweise gegen eine Kaution von fünfzig Euro trotzdem stattfinden.

Kurz darauf: Mückstein schwört dem Hippokratischen Eid ab und verpflichtet sich ab sofort dem politischen Eid der Republik Österreich: „Ich werde nach bestem Urteil und Vermögen meine Verpflichtungen erfüllen, es sei denn, es herrscht parlamentarischer Klubzwang oder irgendwer schreibt mir um drei Uhr früh ein WhatsApp, dass er einen Job braucht."

„Mäcklein?"

Die Angelobung ist vorbei, Mückstein grindet lässig mit seinem Skateboard über ein Fensterbrett der Hofburg und verlässt die Zeremonie. Van der Bellen setzt sich die Lesebrille auf und zaudert: „Mäcklein? Nymplein? Bückschein? Es tut mir leid, aber ich kann das echt nicht lesen." Kanzler Sebastian Kurz nimmt den Präsidenten zur Seite. „Ich glaube, es heißt nicht Mückstein, sondern Hartinger-Klein, oder?" Van der Bellen sieht Kurz mit erhobenen Augenbrauen an.

Der Präsident wirft Kogler den Zettel retour und blickt auf die Uhr. „Ich hab noch bis 16 Uhr offen, ansonsten müsst ihr halt zum Verfassungsgerichtshof gehen, der hat Nachtdienst und macht die dringenden Notangelobungen." Für den Präsidenten ist es nicht das erste Problem bei einer Angelobung. „Blümel hat damals nur drei Kreuzerln gemacht, aber er hatte seinen Sachwalter dabei, deshalb hat das gezählt."

Chaos

Blaulicht flackert durch die Innenstadt. Ein Bus mit fünfzig Apothekern an Bord rast von der Polizei eskortiert Richtung Hofburg. Sie sollen die „kriminelle linksradikale Sauklaue" (Zitat: *Kurier*) des Neo-Gesundheitsministers dechiffrieren. Wenn diese scheitern, steht im NASA-Hauptquartier in den USA ein Supercomputer bereit, der hochkomplexe Alienbotschaften entschlüsseln kann.

Trotzdem will Mückstein schon heute an die Arbeit gehen. Der erfahrene Allgemeinmediziner hat seine Anamnese des Patienten Österreich bereits abgeschlossen: „Volle Intensivstationen, Gesundheitspersonal an der Belastungsgrenze, Pflegenotstand … Ich als Hausarzt empfehle drei Wochen lang Antibiotika, zweimal täglich, wenn das nix hilft, kommen S' wieder, danke, wiederschaun!"

WELT
20. April 2021

Doch kein Erdbeben: Doskozil meldet erfolgreichen Atomtest

Foto: Tagespresse

In Ostösterreich bebte heute Nacht vielerorts die Erde. Doch das vermeintliche Erdbeben entpuppte sich nun als Atomtest. Hans Peter Doskozil meldete die erste erfolgreiche Zündung eines nuklearen Sprengkopfs im Burgenland.

EISENSTADT – Risse in Mauern, umgefallene Gläser, Sprünge in Scheiben. Die Spuren des vermeintlichen Erdbebens letzte Nacht wirken noch bedrohlicher, seit klar ist: Doskozil, der gefürchtete Diktator aus dem Osten, der Kim Jong-uhudler aus Eisenstadt, der unberechenbare Schilf-Stalin, hat die Atombombe.

Etwa eine Stunde nach Mitternacht zitterte die Erde. „Die Richterskala schlug auf 4,4 aus", berichtet Geologin Anna Ruggiero von der ZAMG. Minuten später verkündet eine Nachrichtensprecherin im Propagandakanal ORF Burgenland den erfolgreichen Test. Nach der Öffnung des Landes trotz voller Intensivstationen ist der Atomtest der nächste Machtbeweis des Mullah von Mattersburg.

Bestürzung

„Es ist eingetreten, was wir immer befürchtet haben", verkündet US-Präsident Joe Biden in einer nächtlichen Ansprache aus dem Situation Room des Weißen Hauses. „Unsere Welt wird nie wieder dieselbe sein. Gott schütze uns alle. Der Mörbisch-Mao hat die Bombe."

Der starke Mann installierte im Bundesland einen undurchdringlichen Machtapparat. Kritiker werden gnadenlos verfolgt, auch im vermeintlich sicheren Ausland. „Wir müssen den Pol Pot von Podersdorf stoppen", sagt die Wiener Dissidentin Pamela R.-W. aus Wien, die sich aus Angst um ihre Sicherheit schon seit Jahren im Untergrund versteckt halten muss.

IAEO überrumpelt
Überrascht von dem Vorfall zeigt sich auch die Internationale Atomenergiebehörde (IAEO) in Wien: „Bisher war uns nur bekannt, dass die Burgenländer die Kürbiskernspaltung beherrschen. Von atomarer Kernspaltung haben unsere Inspektoren nie was mitbekommen, wenn sie dort am Wochenende diverse Buschenschenken inspiziert haben", erklärt ein Sprecher. Die IAEO schätzte zuletzt, dass die dortigen Schnapsbrennereien nicht vor 2024 angereichertes Uran würden produzieren können. Wie seit heute klar ist: ein fataler Irrtum.

POLITIK   21. April 2021

Zu viele Ermittlungen: Staatsanwaltschaft startet Triage

Foto: Tagespresse

Experten warnen seit Monaten davor, jetzt ist das Horrorszenario traurige Realität: Die Staatsanwaltschaft kann nicht mehr alle Fälle behandeln. *Stattdessen geht sie zur Triage über und ermittelt nur mehr in jenen Fällen, wo es noch Sinn macht.*

WIEN – Staatsanwalt Ulrich Gabriel nimmt seine Maske ab, zündet sich eine Zigarette an und starrt apathisch auf die Straße. „Mein Mittagessen", lacht er bitter und inhaliert den Rauch. Sein Gesicht ist zerfurcht von der FFP2-Maske. Die Wirtschafts- und Korruptionsstaatsanwaltschaft ist seit Monaten überlastet. „Wir können nicht mehr, die Kaffeemaschinen arbeiten am Limit", sagt er und nimmt einen tiefen Lungenzug, bevor wieder 10 000 Chatnachrichten auf ihn warten.

Notfall
Die Tür der Staatsanwaltschaft geht auf, ein neuer Fall kommt herein. „Notfall! Wir haben hier einen fünfzigjährigen Burgenländer mit schweren Symptomen: Erinnerungslücken, tollwütige Anfälle, Verlust des moralischen Empfindungsvermögens." Der Staatsanwalt blättert die Akte durch und seufzt: „Ein Landeshauptmann. Dann ist er ja praktisch immun. Gebts ihm einen Spritzer und schickts ihn wieder nach Hause."

Immer öfter trifft es auch jüngere Menschen. Ein besonders tragischer Fall ist der des erst 45-jährigen Thomas Schmid. „Er hat sogar noch gefragt, ob er mit seinem Handy ein letztes Dick-Pic an seine Familie verschicken darf, bevor wir ihm den Saft abdrehen. Da zieht es dir alles zusammen", erzählt Gabriel.

Erst vor Kurzem kam sogar ein 39-jähriger Wiener herein. „Ohne Vorverurteilungen, der steht mitten im Leben auf einem Balance Board, arbeitet als Finanzminister. Und dann musst du als Staatsanwalt entscheiden und ihm quasi über Nacht den Stecker aus dem Laptop ziehen …"

Keine Disziplin
Doskozil, Blümel, Schmid, Löger, Pilnacek, Strache, Gudenus, Chorherr: die Investigativstation geht derzeit über mit Fällen. „Wieso hören die Leute nicht auf uns und halten sich an einfache Sicherheitsmaßnahmen?", schüttelt eine Juristin resigniert den Kopf. „Ein

Babyelefant Abstand von Geldkoffern, keine WhatsApp-Chats mit mehr als einem anderen Haushalt, Reiseverbot in Risikogebiete wie Ibiza, Gastroschließung der Dots-Kette."

Wer bei Betroffenen Symptome beobachtet, soll jedoch keinesfalls die Notrufnummer 133 wählen, um die Personen nicht zu spontanen Spaziergängen mit ihren elektronischen Beweismitteln zu animieren. „Wir empfehlen, zu Hause zu bleiben und das Ganze einfach eine bis zwei Legislaturperioden lang auszusitzen."

Eine Staatsanwältin gesteht, dass man sich schon länger nur noch um die Fälle kümmert, bei denen eine Verurteilung wahrscheinlich ist: „Wir haben keine Ressourcen für einen Blümel, einen Löger oder einen Pilnacek", seufzt sie. „Diese Leute würden nur monatelang den Gerichtssaal blockieren, da schicken wir sie lieber nach Hause und warten halt wohl oder übel auf ihren politischen Tod."

LEBEN   22. April 2021

Billiger als Sperrholz: IKEA stellt Möbelserie aus Fleisch vor

Foto: Tagespresse

Der schwedische Möbelgigant IKEA will in Zukunft auf einen innovativen Werkstoff setzen und stellt Teile seiner Produktion um.

Statt der bewährten Sperrholzplatten kommt erstmals das in der Herstellung besonders günstige Material Fleisch zum Einsatz.

NIEDERLANDE – Stolz sitzt die IKEA-Führung neben der Firmenzentrale, einem rostigen Briefkasten, und blättern den neuen Katalog durch. „Billiger als Holz, vielseitig zu verarbeiten und zu hundert Prozent biologisch abbaubar. Das wird die Möbelwelt revolutionieren", schwärmt die Designerin Mette Wurstbröd, die für IKEA die erste Produktlinie komplett aus Fleisch entworfen hat.

Angebot an Generation Greta
IKEA will nachhaltiger werden und endlich seinen Beitrag zum Umweltschutz leisten: „Holz ist unsexy geworden, die Generation Greta will nicht mehr, dass wir Bäume töten, obwohl wir bei IKEA Bäume wirklich abgrundtief hassen. Fleisch hingegen ist ein natürliches Abfallprodukt der Landwirtschaft, aber entschuldigen Sie mich jetzt, ich muss weg, beim Billa sind Regional-Wochen, da gibt's ein Kilo Schulterscherzl um 49 Cent – also, man bekommt 49 Cent, wenn man das Fleisch nimmt."

Die Möbelserie KÅRNIVÖR besticht durch schlichtes, funktionales Design und verspricht Langlebigkeit durch einen hohen Anteil an grobfasrigem Separatorenfleisch mit Antibiotika-Lasur.

„Schauen Sie selbst", lächelt Wurstbröd und klopft mit einem Hammer auf das 80 mal 110 Zentimeter kleine, enge Gitterbett ÅMAGYTTESIIGEL. „Die Muskeln der Tiere sind von den Vollspaltböden, den Kastrationen ohne Betäubung und der permanenten Todesangst perfekt verkrampft, das ist härter als Stahl, endlich halten IKEA-Möbel länger als fünf Minuten. Ein Traum!"

Tolles Angebot
Aus der neuen Möbelserie sind unter anderem das Doppelbett FERKELIG, der Couchtisch BLUNZEBY und der Hocker SWINEHÖDEN bereits in allen Einrichtungshäusern erhältlich. „Bis ein Baum nachgewachsen ist, dauert es Jahrzehnte. Bei einem Schwein dauert es mit den richtigen Hilfsmitteln nur ein paar Minuten", lächelt Wurstbröd und spritzt ein kleines Ferkel zu einem heißluftballongroßen Schwein auf. „Die Spritzen hab ich auf einem Zucht-

betrieb im Mostviertel gefunden, alles regional, also unbedenklich und nachhaltig. Super, oder?"

Einfache Bauanleitungen
Wie alle IKEA-Möbel muss auch die KÅRNIVÖR-Serie selbst zusammengebaut werden. Doch dank detaillierter Bauanleitungen ist das problemlos möglich: „Schritt 1: Trenne die Pulmonalarterie mit dem Skalpell vom rechten Herzventrikel ab, ohne den Truncus pulmonalis zu verletzen", heißt es etwa in der Anleitung für das Regal.

„Schritt 2: Gare das Beinfleisch im Ofen bei 180 Grad für zwei Stunden und drehe dann die Sehnen mit dem Inbusschlüssel raus."

Wer Hilfe benötigt, dem stehen im Callcenter von IKEA jederzeit Chirurgen und Fleischhauer zur Seite.

Positive Resonanz
Bei den Kunden kommt die neue Linie gut an. „Haha, ich brauch doch keine Anleitung, ich bin ja keine Frau", lacht Kunde Georg Fischer, zerreißt das Papier und beginnt, einen Kuhkadaver (Preis 2,99 Euro) in einen begehbaren Kleiderschrank umzubauen.

Eine junge Mutter gibt ihren kleinen Sohn in der neu gestalteten Kinderbetreuung „Schmålzland" ab. Begeistert springt er in das KÖTTBULLAR-Fleischbällebad. Das Stierhodenbällebad musste aus hygienischen Gründen vorerst geschlossen werden.

Die Möbel aus Fleisch sind nur der Anfang einer Neustrukturierung der Produktlinie. „Wir arbeiten nicht nur mit der AMA zusammen, sondern auch mit dem AMS", lächelt Wurstbröd. „Schauen Sie, da drüben ist unser neuer Kleiderständer ÅRBEITSLOSA." Sie hängt ihre Handtasche auf den ausgestreckten Arm eines wie angewurzelt im Eck stehenden studierten Germanisten.

POLITIK 22. April 2021

„War nur kurz am Klo": Strache setzt sich in FPÖ-Fraktion und tut so, als wär nix passiert

Foto: Roland Schlager / APA / picturedesk.com

Heinz-Christian Strache ist plötzlich wieder im Parlament aufgetaucht. Laut eigenen Aussagen war er die letzten zwei Jahre nur mal kurz am Klo. Da die FPÖ-Abgeordneten mit Erinnerungen an die Vergangenheit generell so ihre Schwierigkeiten haben, glaubte man Straches Worten und kürte ihn wieder zum Parteichef.

Wien – „Servas, ihr Schneebrunzer, alles fit im Schritt, Norbi? Hallo Herbi, Sportsfreund, wie stehen die Aktien?", ruft Strache seinen Kollegen zu, als er selbstbewusst den Nationalrat betritt und seine Zigarette auf einem Sessel ausdämpft. „I war nur schnell am Häusl – für kleine Lausbuben." Einige FPÖ-Abgeordnete schauen einander an, als könnten sie sich dunkel an etwas erinnern.

„Ähm, du, HC, sag, war da nicht irgendwas … mit dir und dem Joschi?", fragt Christian Hafenecker schließlich, während er sich beim Grübeln an der Schläfe kratzt. „Und ist das nicht schon fast zwei Jahre her, dass du das letzte Mal da warst?" Strache zuckt mit den Schultern. „Ein Hatze denkt nicht in Jahren, ein Hatze lebt den Moment, und was zählt, ist, dass ich jetzt in dem Moment an deiner Seite sitze, nicht?"

Laut eigenen Angaben befand Strache sich deswegen so lange am Klo, weil er dort das große und auch diverse sehr große Geschäfte verrichten musste. „I war ja nicht zum Spaß dort, vor ein paar Wochen hab ich eine schoafe Oligarchin am Damenklo getroffen, aber pssst."

Machtwort von Kickl
„Schluss jetzt mit den Diskussionen!", mischt sich schließlich Herbert Kickl ein. „Der linksterroristische ORF am Küniglberg behauptet, da gäbe es irgendein Video aus Ibiza, also kann das ja nicht stimmen."
Kickl schubst Hofer vom Stuhl und putzt ihn für Strache ab, der erschrickt, als er die aktuelle Meinungsumfrage in der *Krone* sieht: „Wir stehen bei 15 Prozent? Herbert, wie ist das passiert? Lieben mich die Leute so sehr, dass sie den Glauben an euch verlieren, wenn ich kurz einmal weg bin?"

Wiedersehen
Suchend blickt er zur Regierungsbank. „Wo ist die Hartinger-Klein? Der Kunasek? Ah, da ist der Sebastian, juhu!" Strache winkt Kanzler Kurz zu. „Hast du Lust, mal wieder auf eine Runde gemütlich in der Sonne Sozialstaat zerschlagen?" Kurz sieht ihn nicht, er will die letzten Stunden mit seinem Handy in trauter Zweisamkeit verbringen und in Ruhe WhatsApp-Chats löschen.
Norbert Hofer schüttelt den Kopf. Er ist zwar nicht ganz überzeugt, aber wie den meisten Freiheitlichen fällt es auch ihm schwer, sich an die Vergangenheit zu erinnern. „Ich weiß nicht, Heinz-Christian. Ich hab dich zwar sehr gern, aber den Posten als Parteichef habe ich auch sehr lieb. Kann ich mir wenigstens das Klo anschauen, auf dem du angeblich zwei Jahre lang gewohnt hast?" Strache schüttelt den Kopf. „Unmöglich! Das ist zu brutal, glaub mir. Da haut's dich gleich vom Gehstock!", winkt Strache ab. „Übrigens, warum tragen alle so komische Masken und nur wir nicht? Was ist da eigentlich los?"

POLITIK   27. April 2021

„Liebe unfähige Pamela":
Der Doskozil-Brief im Wortlaut

An die lächerlichen Mitglieder des
SPÖ Präsidiums im Wasserkopf Wien

Shell Tankstellencafé Eisenstadt, 01:17 Uhr, 26. April 2021

Liebe unfähige Pamela, liebe ein bissl weniger unfähige männliche Mitglieder des Präsidiums, lieber Hans Peter,

wir erleben schwere Zeiten in Österreich: Pandemie, Wirtschaftskrise und eine Frau an der Spitze der SPÖ. Eigentlich wäre die Lage der Nation perfekt, um die frechen türkisen Buben von der Tanzfläche zu drängen, doch die Sozialdemokratie schwankt über das politische Parkett wie ich nach drei Flaschen Blaufränkischm beim Feuerwehrball in Purbach (Entschuldigung an dieser Stelle an Roswitha Tupfer, die Urne ihres Mannes wird selbstverständlich von meinem Büro ersetzt).

Ich bin ein versöhnlicher Typ, ein Teamplayer, wahrscheinlich der beste Teamplayer, den es gibt. Ich habe es nicht nötig, Kritik öffentlich über Medien auszurichten, sondern tue dies privat in diesem offenen Brief, der nur an dich geht, liebe unfähige Pamela, sowie per vertraulicher Kopie an die größten Tageszeitungen des Landes.

Es ist mir schwergefallen, die unverzeihlichen Fehler meiner grenzdebilen Genossen aus der linkslinken Drogenhochburg Wien zu ertragen, die in ihrer Hybris glauben, dass ihre Meinung genauso viel zählt wie meine. Aber wer bitte versteht mehr von den Sorgen der einfachen Arbeiter: Ein Wiener Berufspolitiker, der in seiner Dachgeschosswohnung mit Kokain und Kebab großgezogen wurde, oder ein bodenständiger Mann aus dem Schilf wie ich? If you can make it in Winden am See, you can make it anywhere.

Dieses Land braucht keine SPÖ, die von der Basis aus dem Hinterhalt attackiert wird, dieses Land braucht eine SPÖ, die langsam, aber stetig im eigenen Schlamm vertrocknet wie der Neusiedler See. Die Obfraudebatte – was für ein Wort, heißt es bald auch Frauerschnitten statt Mannerschnitten? – hat alles überschattet. Sie war ständig am Köcheln, so manch einer hat zusätzlich Öl ins Feuer gegossen, danke dafür vor allem an mich von meiner Seite aus.

Ich will nicht verhehlen, dass uns in den vergangenen Monaten die Balance nicht gelungen ist zwischen evidenzbasierter Pandemiebekämpfung nach Expertenmeinung auf der einen, und vielen spannenden Telegram-Videos auf meinem Handy auf der anderen Seite. Ich mein, habts ihr nicht das Video gesehen auf dem Kanal vom Hildmann mit dem Impf-Massensterben? Stichwort Plandemie!!! Lassts euch das Video unbedingt zeigen, fragts einfach die Staatsanwaltschaft nach meinem Handy.

Die Partei muss sich jetzt entscheiden: Wen will sie an der Spitze haben? Einen hemdsärmeligen Polizisten, einen bescheidenen Gott in Blau, oder eine sogenannte „Ärztin", die ihren blütenweißen Kittel arrogant und hochnäsig vor sich herträgt, als wäre sie die Zwiebelprinzessin von Oberpullendorf?

Dazu gebe ich Folgendes zu bedenken: Wer hat alle Coronaleugnerdemos verhindert, erfolgreich Jugendliche im Park gestraft und mit „I am From Austria" die Plandemie in die Knie gezwungen? Ganz sicher nicht unsere Medizinmänner, sondern unsere Götter in Blau. Außerdem habe ich alle Staffeln „Emergency Room" gesehen (15 Jahre), da lasse ich mich ganz sicher nicht öffentlich von jemandem belehren, der nur Arztologie (sieben Jahre) studiert hat.

Mir geht es um das Brückenbauen, das Händereichen, das Zuhören. Deshalb möchte ich einen Neustart ermöglichen und werde mich voll und ganz auf die Arbeit im Ein-Parteien-System Burgenland konzentrieren. Nur so erreichen wir unseren Zehn-Jahres-Plan zur Anreicherung von Uhudler mit siebzig Prozent Alkohol, mit dem wir die Supermacht USA endlich in die Knie zwingen werden. Nieder mit dem Impferialismus!

Ja, ich ziehe mich zurück aus Wien, aber ich tue dies ohne Groll auf die Parteispitze, sondern einzig und allein mit überzeugtem, abgrundtiefem Hass auf die Person Pamela Rendi-Wagner. Sie hat leider nie verstanden, worum es in der Sozialdemokratie geht: um mich!

Prost & Freundschaft,
Hans Peter

LEBEN   28. April 2021

T24 EXKLUSIV: Schwere Sex-Vorwürfe gegen versexten Grapsch-Herausgeber Wolfgang F.

Foto: Georg Hochmuth/APA/picturedesk.com (M)

Es sind sexy Anschuldigungen, die einschlagen wie ein von Asylanten gelenkter Todes-Asteroid der Caritas! Der versexte Grapsch-Herausgeber Wolfgang F. soll mindestens eine Mitarbeiterin sexuell belästigt haben! Rast der mächtige Medienboss auf sein versextes Karriereende zu? T24 HAT DIE STORY EXKLUSIV FÜR SIE VON IRGENDWO ABGESCHRIEBEN. SEX!

Die Brutalo-Gier-Finger des „HARVEY WIENSTEIN" (es gilt die Unschuldsvermutung, blablabla usw.) öffnen scheinbar nicht nur heiße Busen-BHs, sondern jetzt auch die sexy Büchse der Pandora.

„Alles ist wahr", sagt Fellner in einem ersten, erfundenen Erguss gegenüber T24.

Fällt sein geiles Kartenhaus aus Machtmissbrauch, sexy Belästigung von Mitarbeiterinnen und prickelnd-toxischem Arbeitsumfeld nun zusammen wie sein 66 Jahre alter Pimmel-Penis?

Während viele österreichische Hurenalisten lange schwiegen, erheben die linkest-linken Prüde-Piefkes des deutschen Schmuddelmagazins *Die Zeit* schwere sexy Vorwürfe gegen den renommierten Wiener Boulevard-Buderanten und Inserate-Incel W. Fellner.

„Fak" ist: Hat der österreichische Medienmanager Wolfgang F. sich jahrelang so verhalten, als wäre er ein österreichischer Medienmanager? „Fakt" ist auch: Die Auswirkungen auf die Branche könnten verheerend sein. Müssen Frauen während der Arbeit bald wie gleichberechtigte Menschen behandelt werden? Und falls ja: Ist dies das Ende des erfolgreichen, abhängigen Journalismus in Österreich?

Die Anschuldigungen haben es in sich.
Grapschen. Beschimpfungen. Demütigungen. Was im Mediengeschäft seit Jahrzehnten zum guten Ton gehört, wird nun dem Chefbumser mit dem sexy prallen Dekolleté (Artur Worseg) zum Verhängnis. Er wird von Polizei-Insidern bereits der ASYLANT DER MORAL genannt, da er keine Grenzen kennt. Nächster Halt: Kölner Domplatte zu Silvester?

Wolfgang F. (Anm. der Red: eine Verwandtschaft mit Josef Fritzl ist nicht auszuschließen) bestreitet die Vorwürfe vehement: „Frauen sind wichtige Nutten unserer Gesellschaft", lässt er per doppelseitigem Inserat ausrichten. Damit sind die Wogen wohl geglättet – vorerst.

Aber hätten die Alarmglocken nicht schon früher schrillen sollen? Regelmäßig produzierte der Zoten-Zampano Sozialpornos auf seinem hauseigenen Sender oe24.tv. Seine nach außen hin offen gelebte sexy Inzestbeziehung zu seinem Sohn (Quelle: Fantasie) sollte wohl von Gerüchten ablenken, „Wolfgangbang" F. führe ein Doppelleben im Sadomaso-Keller, wo er mächtige Regierungsleute an der kurzen Leine hält und sich mit Inseraten füttern lässt. Verstörend und geil!

Aber wie so oft scheut unsere KUSCHEL-JUSTIZ vor echten Konsequenzen zurück. Während der einfache Minister von der Straße wegen lächerlichen Lappalien wie Korruption einsitzt, hält die gar nicht brave, versaute Justitia ihre schützende Hand über die Schmuddelfinger des Schmierblattschmutzfinken.

Denn Mitarbeiterinnen, die sich einen Medienjob ohne Machtmissbrauch wünschen, träumen ja bekanntlich von warmen Eislutschern.

Doch was ist wirklich dran an den Vorwürfen? Wir haben keine Ahnung, weil, wir haben nicht nachrecherchiert. Stattdessen scheißen wir auf seine Persönlichkeitsrechte, denn Klicks sind uns wichtiger als Opferschutz. Jetzt müssen wir leider dringend los, um von einem Kinderbegräbnis zu liveticken.

Autor: Wolfgang Fellner

LEBEN 4. Mai 2021

Nach Scheidung: Bill Gates darf Büroklammer nur mehr jedes zweite Wochenende sehen

Bill und Melinda Gates gaben nach 27 Jahren Ehe ihre Trennung bekannt. Das Sorgerecht behält Melinda – mit unangenehmen Folgen für den Microsoft-Gründer: Er darf seine Büroklammer nur mehr jedes zweite Wochenende sehen.

SEATTLE – „Hey, ich bin's, dein Dad! Hast du mich vermisst?", fragt Bill, als er die Büroklammer im Apartment von Melinda für das erste gemeinsame Wochenende abholen will. Doch die Klammer hat die Trennung offenbar noch nicht überwunden: „Ich kann ‚Gefühle' für dich leider nicht finden. Meintest du vielleicht ‚Briefkopf formatieren'?" Die Klammer verschwindet im Hintergrund. Bill seufzt traurig, er muss sich das Vertrauen erst neu erarbeiten.

Gerade als er mit der Büroklammer gehen will, um mit ihr am Wochenende eine Powerpoint-Präsentation über Fußball, Fischen und das Disneyland zu erstellen, sieht der Milliardär rot. „Was ist das da?" Er zeigt in Melindas Wohnzimmer. „Das ist nix, Bill!" Melinda wirft schnell eine Decke über ihr neues Macbook. „Wie kann da nix sein, wenn da was ist? Glaubst, ich bin deppert?" Melinda lächelt. „Bitte reg dich nicht so auf, sonst überhitzt du wieder."

Schlanker Neuer
Während Bill Gates in seiner Garage verschwindet, zeigt uns Melinda nicht ohne Stolz ihren Neuen. „Er ist schlank, schnell und schnarcht nur ur leise", lächelt sie und streichelt ihr Macbook Air. Ob mehr daraus wird? „Mal schauen, irgendwie hab ich das Gefühl, dass er vielleicht doch nur auf mein Geld aus ist", seufzt sie. „Deine iCloud ist voll! Tu mich sofort upgraden, sonst lösch ich alle Fotos!", hören wir das Macbook im Hintergrund unverhohlen rufen.

Sensible Phase
„Am meisten leiden unter der Trennung der Eltern natürlich immer die Büroklammern", stimmt auch der US-Psychologe Shahin Sheriat Moharery zu. „Sie sind in einer sensiblen Phase, in der sie sich leicht verbiegen lassen, um es allen recht zu machen. Stellen Sie sich vor, die trifft die falschen Freunde und kommt auf einmal als Spritze nach Hause?"

Zu viel Stress
Bill macht das hohe Level an Arbeitsstress verantwortlich für das Scheitern der Ehe: „Wir haben einen Technologiekonzern geleitet, wir haben Stiftungen geführt, eine internationale Pandemie entwickelt, die Menschheit versklavt und mit Microchips geknechtet, da bleibt dann halt wenig Platz für Romantik", seufzt er, während er gelangweilt am PC den geimpften Norbert Hofer auf einem Rasentraktor durch Pinkafeld steuert. Auch Melinda nickt. „Aber wir teilen uns das Vermögen einvernehmlich. Bill bekommt Corona, ich bekomm Solitaire."

LEBEN 5. Mai 2021

Nach Selbstfindungstrip in Indien: Tiroler Kuh schleppt Virus-Variante ein

Foto: Tagespresse

Erneuter Corona-Alarm in Tirol: Im Bezirk Landeck wurde bei einer Reiserückkehrerin aus Indien die dort grassierende Virus-Variante B.1.617 nachgewiesen. Das elfjährige Tiroler Grauvieh befindet sich derzeit in bäuerlicher Quarantäne.

VIROL© – „Des isch a Katastrophe!", jammert der Zamser Landwirt und Hotelier Vinzenz Unterwurzacher und zeigt verzweifelt auf sein Handy mit der oe24-Schlagzeile „Muhssaker: Droht Tirol jetzt die totale Kuhrona-Apokuhlypse?" Bei seiner Milchkuh Herta wurde die indische SARS-CoV2-Mutation nachgewiesen.

Das Tier kehrte vor zwei Tagen von einer „dringlichen und unaufschiebbaren Geschäftsreise" aus Mumbai zurück, wo es eine mehrwöchige Ausbildung zur Tantra-Yogalehrerin absolvieren sollte. „Damit s' a wengerl entspannter wird und sich auf da Alm nimmer von so vielen Piefke durch ihre Anwesenheit provozieren lässt", wie Unterwurzacher versichert.

Selbstfindungstrip
Wie sich nun herausstellt, hatte Kuh Herta jedoch andere Pläne und nutzte ihren Aufenthalt auf dem Subkontinent für einen ausge-

dehnten Selbstfindungstrip. „Vermutlich hat sich die Kuh infiziert, als sie auf einer Psytrance-Party in Goa auf MDMA einen deutschen Rucksacktouristen niedergetrampelt hat", erklärt Elmar Rizzoli, Leiter des Tiroler CoV-Einsatzstabes.

Fotos zeigen außerdem, wie sich Menschen in den Straßen von Neu-Delhi um Herta scharen, sich extatisch vor ihr niederknien, beten und Geschenke darbringen. „Das ist virologischer Wahnsinn! Solche Bilder kannte man bisher nur aus dem Kleinwalsertal, wenn der Kanzler auf Besuch kommt."

Sorge
Der Landesregierung bereitet die Ankunft der neuen Corona-Variante große Sorge. „Ich glaube nicht, dass wir vor dem Almauftrieb in der systemrelevanten Gruppe der Rinder noch Herdenimmunität erreichen können", erläutert Landeshauptmann Platter und will stattdessen auf großflächiges Testen setzen.

„Da gab es zuletzt ja ein paar kleine Unstimmigkeiten. Deshalb hab ich das selbst in die Hand genommen und einen neuen Anbieter beauftragt." Zukünftig wird ein Bus der neu gegründeten Firma HG LABrador TRUCK GmbH des Tierarztes Rolf Hartwig alle Tiroler PCR-Tests auswerten.

Im Bild: Der neue Corona-Testbus für Tirol

Verschärfungen

Aufgrund der außer Kontrolle geratenen Corona-Situation kündigt die Regierung indes weitere Verschärfungen für Reisende aus Indien an. Ab übernächsten Vollmond dürfen Flüge aus Indien nur mehr landen, wenn alle Kühe an Bord einen FFP2-Nasenring tragen und ihre Milch pasteurisieren lassen.

Auch umgekehrt sorgt man sich um die Einschleppung einer Tiroler Mutation nach Indien. „Wir haben alle Flüge aus Innsbruck gestrichen", heißt es vom Airport Neu-Delhi. „Jemand hat uns vorgewarnt, dass ein gewisser Herr Tilg im Anflug ist, da er in Kalkutta für zwölf Jahre ein Schweigekloster besuchen soll. Wir befürchten den Worst Case – dass er alles richtig macht."

POLITIK 6. Mai 2021

Liste: Elf Dinge, für die Österreich mehr Geld ausgibt als für den Frauenschutz

Foto: Tagespresse

Bereits elf Frauen wurden heuer in Österreich ermordet. Die Regierung gibt trotzdem nur 14,5 Millionen Euro pro Jahr für den Schutz von Frauen aus. Wer das zu wenig findet, kann aufatmen:

Nicht weniger als elf andere Ausgaben der Republik sind im Interesse des „schwachen Geschlechtes", wie uns Frauenministerin Susanne Raab erklärt.

Regierungs-PR: 70 Millionen Euro pro Jahr

Frauenschutz vor dem eigenen Ex schön und gut, aber warum nicht auch mal positiv in die Zukunft blicken und sich einen feschen Neuen angeln? Die Regierung inseriert regelmäßig und großflächig ihre hübschen Fuckboys quer durch die Zeitungen und Plakatwände des Landes. Auf welchen Typ stehen Sie? Das mysteriöse Mathegenie Gernot? Das sympathisch-psychopathische Babyface Sebastian? Oder den roughen, kinderfreundlichen Charlie mit der Mega-Flex?

Ersatzteile für Blackhawk-Hubschrauber: 211 Millionen Euro

Frauenschutz funktioniert dann am besten, wenn man die Männer beschäftigt und von dummen Flausen ablenkt, wie zum Beispiel von häuslicher Gewalt oder Mordversuchen an der Ex. Und was bitte tun Männer denn lieber als basteln und schrauben? Stundenlang können sie beim Militär an schwerem Gerät herumdoktorn, und wenn sie dann nach Hause kommen, sind sie so müde, dass sie nicht mal mehr Lust auf eine g'sunde Watschen haben.

Privatsenderförderung: 20 Millionen Euro pro Jahr, davon 1,9 Millionen für oe24.tv

Um Frauen aus der finanziellen Abhängigkeit vom Ehepartner zu helfen, muss man sicherstellen, dass sie endlich auch beruflich voll durchstarten können. Eine beliebte Anlaufstelle für motivierte, talentierte Frauen ist vor allem das Privatfernsehen. Ergattern Sie einen Job in einem netten, diskriminierungsfreien Arbeitsumfeld wie zum Beispiel oe24.tv und lernen Sie dort endlich moderne, emanzipierte Männer auf Augenhöhe kennen.

AUA-Rettung: 450 Millionen Euro, 150 Millionen davon als Zuschuss, der nicht zurückgezahlt werden muss

Foto: Austrian Airlines/Florian Schmidt

Fliegen wir die Probleme doch einfach aus! Ein beliebter Ort für Gewalt ist immer noch der Urlaub. Die Klimaanlage im Hotel ist um 1,7 Grad zu kühl, am Strand kostet das Cornetto fünf Euro, da kann einem schon mal die Hand ausrutschen im Gesicht der Ehefrau, die ja unbedingt nach Frankreich ans Meer fliegen wollte! Gut für die Republik: Gewalt im Ausland zählt nicht in den heimischen Statistiken. Sorry, Macron, aber der Mord geht auf dich, :-)

Koralmtunnel: 5,4 Milliarden Euro

Foto: Pfundner Michael

Der Koralmtunnel ist teurer als der Ausbau des Panamakanals. Aber die Verbindung zwischen Graz und Klagenfurt ist deutlich wichtiger als die zwischen den weitgehend unbekannten Gewässern Atlantik und Pazifik. Immerhin können Frauen dadurch in nur 45 Minuten vor ihrem Ex-Freund aus der dunklen, gewalttätigen Steiermark ins Sunshine Paradise Kärnten flüchten und sich dort als extrem unterbezahlte Strandkellnerinnen eine neue ausgebeutete Existenz aufbauen.

Förderungen für E-Autos: 20 Millionen Euro

Foto: Tagespresse (M)

Ein Eckpfeiler moderner Frauenpolitik! Frauen, die Opfer von häuslicher Gewalt wurden, müssen sich danach nicht mehr peinlich vom Ehemann im tiefergelegten Honda Civic ins AKH fahren lassen. Der selbstfahrende Tesla wird zum Safe Space. Sie erreichen die Notfallambulanz sicher und alleine. Welcome to the future!

Denkmalschutz: 39,8 Millionen Euro

Foto: Bwag/CC-BY-SA-4.0

Endlich gibt es angemessene Entschädigung für Opfer von Femiziden! Jede ermordete Frau bekommt eine Büste in einem Park ihrer Wahl. Aber nur eine sehr kleine, da 39 Millionen für den Denkmalschutz des bekannten, nichtantisemitischen Feministen Dr. Karl Lueger aufgewendet werden müssen.

Maßnahmen zur Bekämpfung der Borkenkäferbelastung: 60 Millionen Euro

Foto: Forstbetrieb Fichtelberg

Borkenkäfer bekommen in Österreich mehr Geld als Frauen? Ja, aber das ist auch gut so! Nur in gesunden, dicht bewachsenen Wäldern können sich Frauen vor ihren gewalttätigen Männern verstecken. Eine klassische Win-win-Situation!

Lastenräder und E-Bikes: 46,5 Millionen Euro

Foto: Depositphotos

Welche Frau kennt das nicht? Im linken Arm hält man das Baby, im rechten die Einkaufstasche, in der nur Platz für Gemüse, Fleisch und ein (!!!) Bier ist? Da können dem Mann schon mal die Sicherungen durchbrennen. Wie bitte soll man mit nur einer Hülsen ein Austria-Wien-Match durchdrücken? Die Lösung: ein lässig-lockeres Lastenfahrrad. Rollen Sie dem Göttergatten drei Kisten Kühles Blondes nach Hause, er wird sich für viele Stunden zufrieden ins Fernsehzimmer zurückziehen. Prost!

Novomatic-Steuernachlass: 300 Millionen Euro

Foto: Novomatic

Jede Frau ist ihres Glückes Schmiedin. Wer dem Ehemann auf der Tasche liegt, braucht sich über die eine oder andere Entgleisung nicht zu wundern. Emanzipieren Sie sich, nehmen Sie die Finanzen in die eigene Hand. Die Regierung stellt Ihnen österreichweit bunte, lustige Automaten zur Verfügung, der Traum von der Single-Wohnung ohne Mann scheint endlich in Reichweite! Eine Zitrone, noch eine Zitrone, noch eine Zit-, fuck, nein, doch nur ein Wassermann. Alles weg – wobei, keine Sorge, das Geld ist ja nicht weg, sondern es gehört jetzt Johann Graf.

Neue Sturmgewehre für die Polizei: 24 Millionen Euro

Wer stoppt eine wütende Männerseele mit einer Pistole? Richtig, eine wütende Polizistenseele mit einem Sturmgewehr. Im Polizeialltag helfen die Sturmgewehre mit, wo sie nur können. Sie übernehmen etwa regelmäßig die Befragungen von Opfern sexueller Übergriffe, da sie deutlich mehr Empathie haben als viele junge Polizisten und seltener zu Victim Blaming neigen.

WELT   10. Mai 2021

Riesenpech: Chinesische Raketentrümmer landen genau auf Laptop von Blümel

Der Finanzminister wird vom Pech verfolgt! Trümmer der abstürzenden chinesischen Rakete landeten nicht wie geplant auf dem offenem Meer, sondern auf österreichischem Staatsgebiet. Dabei trafen sie ausgerechnet den Laptop von Gernot Blümel.

WIEN – „Genau da ist es passiert", seufzt Blümel und zeigt auf den zerschmetterten Glastisch auf seiner Terrasse. „Ich hab gerade Feierabend gehabt und wollte noch bei einem Glas Aperol ein bisserl in der Verfassung lesen, die ich übrigens sehr akzeptiere."
 Ein Ermittler runzelt die Stirn und kniet sich neben den Tisch. „Und dabei ist genau Ihr Laptop getroffen worden?" Blümel nickt traurig. „Woher kam denn die Rakete?" „Aus Chinaland." Blümel zeigt Richtung Afrika.

Glück für Kanzler
Kanzler Sebastian Kurz befand sich ebenfalls auf der Terrasse und hatte Glück im Unglück: „Die Splitter vom Laptop hätten mich fast getroffen. Aber ich hatte Gott sei Dank mein iPhone in der Brusttasche, es hat den Splitter aufgefangen und mir das Leben gerettet." Er zeigt den Ermittlern sein zertrümmertes Handy, aus seiner Hosentasche schaut ein Hammer raus.
 Der Ermittler wird misstrauisch. „Wozu brauchen Sie den Hammer?" „Ah, haha, der ist noch von der Impfung. Bei einer Greisin wollte der Impfsaft nicht rauskommen. Da hab ich mich dann sofort in den Dienstwagen gesetzt und bin ins Altersheim gerast, um zu helfen. Jetzt ist die gute Frau geimpft, sollen wir sie anrufen, jo, jo?" Der Ermittler seufzt und nimmt einen minutenlangen Schluck aus seinem Flachmann.

Peinlich
Die chinesische Regierung ist über den Vorfall peinlich berührt. „Wir können das noch nicht erklären, laut unseren Berechnungen hätte die Rakete über den Malediven abstürzen sollen", sagt der Chef der chinesischen Raumfahrtbehörde Xi Ban, bevor er ins Arbeitslager abgeführt wird. „Wir bitten um Entschuldigung und hoffen, dass auf dem Laptop keine wichtigen E-Mails, Kontoauszüge oder Fotos drauf waren." Mehrere uigurische Zwangsarbeiter wurden bereits für den Bau eines neuen Laptops für Blümel abkommandiert.

„Hoffentlich kommt der aber bald", sagt Blümel. „Ich hab schon voll Rückenschmerzen, weil ich jetzt immer mit meinem PC spazieren gehen muss."

POLITIK   12. Mai 2021

Wegen Ermittlungen gegen Kanzler: Blümels Frau geht mit Kurz spazieren

Schachmatt, liebe Staatsanwaltschaft! Die Ehefrau von Gernot Blümel wurde heute Vormittag bei einem spontanen Spaziergang mit Sebastian Kurz gesehen. Damit ist der Kanzler für die Ermittler wohl nicht mehr greifbar.

WIEN – „Mah, das is ja ein ganz ein Lieber! Kann er schon selber gehen oder schreddern?", lächelt eine ältere Dame, als sie im Park in den Kinderwagen von Blümels Ehefrau blickt. Sie kneift Kurz in die Backe. „Und, hast scho Mittag gessen? Jo? Jo?"

Die Greisin greift gönnerhaft in ihre Jackentasche und zaubert ein Werther's Original hervor. Kurz beginnt zu weinen und schnappt immer wieder nach ihrem Geldbörserl. „Er hätt's gern lieber in bar", erklärt Blümels Frau. Die Oma zieht zwanzig Euro heraus und gibt sie Kurz in die Hand. Sofort hört er auf zu weinen.

„Und wie heißt der kleine Schoßhund da drüben?", lächelt die Oma. Sie zeigt auf den süßen „Bonelli", ein ausgemergelter Windhund, der gerade auf einen Arbeiter pinkelt, der gegen einen Baum pinkelt. Blümels Ehefrau schaut auf die Uhr: „Na gut, ich muss weiter, um 13 Uhr muss ich noch mit dem Sobotka Gassi gehen, um 15 Uhr hau ich mich mit dem Thomas Schmid in die Donau und um 17 Uhr geh ich mit der ganzen ÖVP Tirol Nordic Walken."

Ermittler ratlos

Zwei Ermittler der WKStA pirschen durch das Bundeskanzleramt. Die Gänge sind leer. Niemand will wissen, wo Sebastian Kurz steckt.

„Puh, also ich hab ihn wegen der Pandemie und so schon sehr lang nicht gesehen", sagt Message-Control-Beauftragter Gerald Fleischmann, während er die Schlagzeilen für die *Kronen Zeitung*, den *Kurier* und *Die Presse* in seinen Laptop tippt. „Ach so, Sie suchen die Kanzlerin? Frau Martina Kurz? Na, sagen Sie das doch gleich, die ist da drüben." Er zeigt auf einen Stuhl, an dem ein Luftballon mit aufgemaltem Frauengesicht baumelt.

Köder

Wo ist Sebastian Kurz? Die Ermittler blicken sich an. Die Zeit drängt. „Die ÖVP könnte heimlich die Festplatte löschen, die sich in Kurz' Hinterkopf befindet. Damit wären bestimmt drei oder vier Kilobyte an Daten für immer weg."

Sein Kollege seufzt: „Fuck! Wir sind zu spät, Manfred. Ich hab dir gleich gesagt, dass wir nicht mehr stehen bleiben sollen für ein Kebab." Sie zücken ihre Geldbörsen und legen dutzende 500-Euro-Scheine als Köder aus. „Irgendwann beißt er an ... spätestens, wenn er Geld braucht für die nächste Neuwahl."

POLITIK   14. Mai 2021

„Mein Sohn kann wegen Schnupfen nicht mehr am Ausschuss teilnehmen": Kurz liest Entschuldigung von Mutter vor

Foto: ORF TVThek

Der nächste Rückschlag für den Kanzler! Er kann wegen eines „hartnäckigen Schnupfens" leider nicht mehr am U-Ausschuss teilnehmen. Heute Vormittag las er aus der offiziellen Entschuldigung seiner Mutter vor. Ist der U-Ausschuss jetzt am Ende?

WIEN – „Den Basti plagt seit einigen Tagen ein ganz ein fieser Schnupfen. Ich will niemanden beschuldigen, aber ich glaube, die Opposition hat ihm absichtlich ein angeschnäuztes Taschentuch auf seinen Arbeitsplatz gelegt, damit er sich ansteckt", zitiert Kurz aus dem Brief seiner Mutter.

„Einmal war sogar ein bissl Blut im Taschentuch, das lässt auf die Mitschuld eines roten Netzwerks schließen. In diesem Zustand kann mein Basti-Bubi unmöglich am Ibiza-U-Ausschuss teilnehmen. Das ist ein wahrer Fakt und keine Lüge." Kurz senkt sein Blatt und schaut traurig. „Das ist die offizielle Entschuldigung von meiner Mama." Der Kanzler zeigt auf die Unterschrift: „Echte Mutter von Sebastian Kurz".

Landeshauptleute beten
„Die Opposition versucht ständig, mit haltlosen Vorwürfen und Anzeigen das Immunsystem von Sebastian Kurz zu beschädigen", klagt der steirische Landeshauptmann Hermann Schützenhöfer, der Kurz eine Schachtel seiner Lieblingspralinen (Ferrero Küsschen Emoji) ans Bett bringt. „Er hatte in diesem Jahr schon 23 Mal Schnupfen, so schlimm wie jetzt war es aber noch nie. Wir beten morgen für dich in der Wiener Stadthalle, lieber Sebastian."
„Danke, Hermann. Das ist lieb. Setz dich doch zu uns", so der Kanzler, der gerade von Wilfried Haslauer mit einer Rindssuppe gefüttert und von Thomas Stelzer sanft an den Füßen massiert wird.
„Und, habts schon Mittag gegessen? Jo? Jo? Geh, hat jemand ein Taschentuch für mich?" Thomas Schmid reicht ihm drei Packungen Tempo. „Du Taschentuchsammler", lobt ihn Kurz. „Du bist Familie", klopft Finanzminister Blümel Schmid auf die Schulter.

Opposition verärgert
Kai Jan Krainer, Fraktionsführer der SPÖ im Ibiza-U-Ausschuss, zeigt sich verärgert und wühlt sich durch die letzten Entschuldigungen der Kurz-Mutter. „Im Jänner konnte Kurz wegen eines eingeklemmten Ischiasnervs nicht am U-Ausschuss teilnehmen, im Februar hatte sein Hund eine Depression, im März hatte sein Hund einen eingeklemmten Ischiasnerv und im April hat er Kurz mit einer Hunde-Depression angesteckt. Wie sollen wir da unserer Arbeit nachgehen und Zehntausende Seiten mit völlig belanglosen Dienstplänen aus dem Finanzministerium durchwühlen?"
Kurz kramt einen weiteren Zettel aus seiner Tasche und liest vor: „Ich habe mir gestern bei einem Sprung auf die Couch den Ischiasnerv eingeklemmt. Leider ist es Kanzler Kurz daher nicht möglich, am U-Ausschuss teilzunehmen. Danke für Ihr Verständnis. Wuff, Wuff, Bello."

Gesundheitskrise
Wie krank ist der Kanzler wirklich? „Er hat sich seit Tagen nicht gerührt, obwohl ich ihm eine Kiste mit ausgedruckten Mails vor die Tür gestellt hab, das ist urkomisch, es geht ihm wirklich schlecht", sagt sein Freund und Finanzminister Gernot Blümel, der ihm mit Wick Vaporub den Rücken eincremt.

„Er ist sehr, sehr, sehr krank", betont Elisabeth Köstinger. „Sehr krank", ergänzt Karoline Edtstadler. „Sehr, sehr krank", krächzt Kurz. Sollte sich der Gesundheitszustand des Kanzlers weiter verschlechtern, könnte der 34-Jährige schon bald zu schwach für einen Prozess und damit verhandlungsunfähig sein.

POLITIK 18. Mai 2021

Politischer Neustart: Strache tritt bei ÖH-Wahlen an

Nach seinem politischen Totalabsturz versucht Heinz-Christian Strache den Neustart – ganz unten. Er tritt bei der heute startenden ÖH-Wahl mit einer eigenen Liste an. Kann das Comeback auf der kleinen Bühne gelingen?

WIEN – „Hey yo, was geht, alles fit im Schritt, Sportsfreunde? Der HC is back", schreit Strache zwei Studenten vor der Uni Wien an und gibt ihnen einen StraCHE-Sticker. Sein Wahlslogan: „Er ist jetzt links, weil die Rechten, die gegen links sind, gegen ihn sind!"

Strache wirkt fahrig. Es ist sein erster Wahlkampf seit der katastrophalen Wien-Wahl. Immer wieder greift er sich zwischen die

Beine und rückt die geweihte, eiförmige Stahlplatte in seiner Unterhose zurecht, die ihn vor Attentaten beschützen soll.

Intensiver Wahlkampf
„Was viele Leute nicht wissen, ich studiere im 78. Semester Zahntechnikologiewissenschaften an der Fernuni Klosterneuburg." Damit ist er zum Antritt bei den ÖH-Wahlen berechtigt. „Ich will's noch ein letztes Mal wissen." Neben Strache verteilt Robert Lugar Gratis-Feuerzeuge und Kondome. Strache seufzt: „Der? Ah so, der ist mir einfach zugelaufen, dann hab ich ihn halt behalten ..." Lugar winkt ihm euphorisch. Strache winkt nicht zurück.

Positiv überrascht ist der ehemalige Vizekanzler von der offenen Diskurskultur an den Unis. „Identitätspolitik? Die meinen wohl Identitärenpolitik, oder? Das kann ich nur unterschreiben. Davon brauchen wir mehr."

Mit jeder Minute Wahlkampf wird Strache selbstbewusster. Er stolziert gewohnt lässig vor dem Eingang der Hauptuni auf und ab und verteilt Flyer. Er ist in seinem Element. „Aber hallo, Madame, Lust auf ein politisches Stehaufmännchen?", zwinkert er schelmisch und zeigt auf seinen Gangbangbus, den er auf einem Behindertenparkplatz geparkt hat. Der nackte Buschauffeur Harald Vilimsky hupt „Immer wieder Österreich" von der John Otti Band, während Philippa Strache ehrenamtlich im Café Landtmann zu Mittag isst.

Dichter Forderungskatalog
Eine zentrale Forderung von Straches Liste sind sogenannte Safe Spaces: „Politische Korrektheit ist, wie wir jungen Menschen sagen, voll nicht fresh und out. Es braucht einen Ort, wo neue Juden wie ich sicher sind vor Diskriminierung. Ich mein, man kann heute nix mehr sagen, ohne sofort ins rechte Eck gestellt zu werden. Man wird ja sogar als Nazi bezeichnet, nur weil man zum Beispiel ‚Heil Hitler' sagt."

Strache schüttelt den Kopf, steckt sich drei Zigaretten in den Mund und zündet ein Streichholz an seiner Unterhose an. „Ich hab ja daheim auch einen Safe Space, da liegen mein Gold, meine Baby-Glock und mein Sturmgewehr. Momenterl." Strache zückt sein Handy und schreit hinein. „Oliver! Gold nachkaufen! Und Bitcoin!"

Strache kommt an

Bei den Studierenden stößt der unkonventionelle Kandidat auf positive Resonanz. „Wie geil, der Schauspieler, der im Ibiza-Video diesen korrupten, versoffenen Affen spielt", sagt eine Studentin und bittet um ein Selfie. „Durch seine entlarvende Performance zeigt dieser HC, welche Verwüstungen das Patriarchat in den Seelen junger Männer anrichtet. Also ich werd mein Kreuzerl bei ihm machen." Strache lächelt sie an. „Danke! Geile Zehennägel übrigens."

WELT   18. Mai 2021

Konflikt mit Slytherin: Kanzleramt hisst Flagge von Gryffindor

Foto: Ernst Weingartner / picturedesk.com (M)

Nach dem Hissen der israelischen Flagge gibt die österreichische Bundesregierung auch beim Hogwarts-Konflikt zwischen Gryffindor und Slytherin seine Neutralität auf: Heute Vormittag wurde die Flagge von Gryffindor am Kanzleramt gehisst.

WIEN – „Es darf niemals Neutralität gegenüber dem Terror geben. Wenn die Terrororganisation Slytherin beim Quidditch regelmäßig Eisenkugeln auf Herrn Potter abfeuert, werden wir nicht schweigen", rechtfertigt Außenminister Alexander Schallenberg das Hissen der Fahne. Die Absage eines geplanten Besuchs von Slytherin-Außenminister Draco Malfoy sei „bedauerlich".

„Sie kennen mich, mir war es immer schon wichtig, ein Zeichen gegen Ungerechtigkeiten zu setzen", erklärt auch der 34-jährige Halbblutprinz Sebastian Kurz, während er gerade die Gedenkveranstaltung in Mauthausen nicht besucht. „Meine Mutter ist extrem traurig und besorgt wegen der Situation. Sie sagt, sie hätte sich für Harry Potter etwas anderes gewünscht als die Zauberei und diesen Umgang. Und, habt's schon ein Butterbier gehabt, jo? Jo?"

Kritik weist der Kanzler vehement zurück: „Du-weißt-schon-wer [Opposition, Anm. der Red.] wird behaupten, Harry Potter gibt es gar nicht, Harry Potter ist nur ein Kinderbuch. Aber das sind falsche Fakten." Finanzminister Gernot Blümel wird noch heute mit seinem fliegenden Balance Board mehrere Tausend ausgedruckte Seiten in sieben Bänden ans Parlament liefern, die das Gegenteil belegen sollen.

„Ver ... fassung?"
Experten kritisieren die Maßnahme jedoch: „Ist uns denn diese jämmerliche Fassade, die wir ‚verfassungsrechtlich verankerte Neutralität' nennen, gar nichts mehr wert?", so Gerald Kellermann, Völkerrechtler und Berater des Kanzlers. „Ver ... fassung? Äh, was genau soll das sein? Könnten Sie ein bissl lauter sprechen, jo, jo?", fragt Kurz, während im Hintergrund ein Aktenvernichter ohrenbetäubend laut surrt.

Erdoğan „verflucht" Österreich
Der türkische Präsident Recep Tayyip Erdoğan hat am Dienstag die Solidarität der österreichischen Bundesregierung mit Gryffindor im jahrelangen Hogwarts-Konflikt mit deftigen Worten verurteilt. „Ich verfluche den österreichischen Staat", so Erdoğan. Er will aus Solidarität mit Palästina heute Kurden-Gebiete bombardieren und den Völkermord an den Armeniern leugnen.

POLITIK 31. Mai 2021

Genial: Simpsons prophezeiten Machtkampf in FPÖ bereits im Jahr 2000

Foto: Tagespresse

Sie sagten US-Präsident Trump, die Apple Watch oder die Tigerattacke auf Siegfried & Roy vorher. Jetzt scheint es, als wären die Simpsons-Macher wieder einmal goldrichtig gelegen: In einer Episode aus dem Jahr 2000 prophezeiten sie den Machtkampf zwischen FPÖ-Chef Norbert Hofer und Klubchef Herbert Kickl bis ins Detail. Beobachter sind erstaunt.

SPRINGFIELD/WIEN – Der nur achtzig Zentimeter große irre Kampfschimpanse „Furious Herb" versucht, seinem humpelnden Kontrahenten „Nice Norb" ein Messer in den Rücken zu stechen. Das Publikum, ausschließlich weiße Männer mittleren Alters, schaut johlend zu – denn egal, was passiert, sie können nur gewinnen. Doch genau diese Szene, die sich heute Vormittag in der FPÖ-Zentrale ereignete, war bereits im Jahr 2000 Teil einer Folge der Simpsons.

„Ich habe keine Kristallkugel", erklärt Simpsons-Erfinder Matt Groening. „Aber wir haben die eine oder andere Geheimwaffe im Team." Gerda Rogers dreht sich diabolisch lachend auf einem Sessel um.

FPÖ streitet ab
In der FPÖ bestreitet man Ähnlichkeiten mit den Simpsons: „Hicks … das ist doch lächerlich … hicks … Moe, noch ein Seidl Gösser, bitte, bevorst di wieder in die Krawatten haust, du Erdmensch", lallt Christian Hafenecker beim Interview in der Parlamentskantine. Dominik Nepp war für eine Stellungnahme nicht erreichbar, er musste seinem Vater, Chief Wiggum, auf der Polizeistation helfen.

Nicht der erste Treffer
Groening lächelt, denn immer wieder prophezeiten er und sein Team das politische Geschehen in Österreich. „Hier, sehen Sie", Groening zeigt uns eine Skizze von Homer Simpson, in dessen Denkblase ein Esel einen Rechenschieber bedient. Groening nickt: „Kommt Ihnen das bekannt vor? Gernot Blümel, Budget 2020."

Nachdem er im Budget mehrere Nullen vergessen hatte, wurde Blümel zum Röntgen geschickt. Dabei stellte sich heraus, dass er sich als Kleinkind einen Malstift in die Nase eingeführt hatte, der auf sein Kleinhirn drückt. „Das Kleinhirn ist in der Box da oben", lacht Blümel und klopft auf seinen Kopf.

Von einer Entfernung des Stifts rät Neurochirurg Professor Rene Staudinger ab. „Wir würden damit riskieren, dass Herr Blümel kritisches Denken entwickeln und möglicherweise von seiner Familie verstoßen werden könnte. Auch das wissen wir aus den Simpsons."

Monorail
In einer weiteren Folge verkauft ein dubioser Mann der Stadt eine teure Monorail-Bahn und verschwindet dann spurlos. Nur wenige Jahre später setzte Jörg Haider den Koralmtunnel durch und täuschte danach seinen Tod vor.

Ebenfalls ein Klassiker ist eine Episode aus dem Jahr 1993: Der charmante Supergauner Tingeltangel-Bob, bekannt für seine wallende Frisur, flieht aus dem Gefängnis. Auf seiner Brust trägt er einen tätowierten deutschsprachigen Brief seiner Frau, die ihm bescheinigt, kein schlechter Mensch zu sein. Wissen die Simpsons-Macher hier bereits mehr über die Zukunft von Karl-Heinz Grasser?

Eskalation
In der FPÖ scheint der Machtkampf zwischen Norbert Hofer und

Herbert Kickl inzwischen zu eskalieren: Die beiden treffen sich für eine Mutprobe an einer tiefen Schlucht eines Burgenländischen Canyons: „Gemma, spring. Traust di nie", lacht Kickl und stellt Hofer einen Rasenmähertraktor vor den Abgrund hin.

LEBEN   31. Mai 2021

Bei Corona-Tests bewährt: Auch negative Alko-Tests ab sofort 72 Stunden gültig

Foto: Barbara Gindl/APA/picturedesk.com

Nach den langersehnten Lockerungen der Corona-Maßnahmen bekommen alle Österreicher nun unverhofft ein weiteres Stück Freiheit von der Regierung zurück: Weil es sich bereits bei den Covid-Tests bewährt hat, sollen zukünftig auch negative Alkoholtests 72 Stunden lang gültig sein.

WIEN – Es ist ein weiterer Schritt in Richtung alte Normalität, den Bundeskanzler Sebastian Kurz freudig vor versammelter Presse ankündigt: „Nach den Öffnungen in der Gastronomie sichern wir den Österreichern damit nun die notwendige Mobilität, um diese bestmöglich auskosten zu können. Diese Maßnahme habe ich regierungsintern heute morgen im Badezimmerspiegel mit mir selbst abgestimmt", so der Kanzler.

Laut Kurz hat ihm eine Expertenkommission, der unter anderen Ursula Stenzel, Ex-Bundeskanzlerin Brigitte Bierlein sowie die Urne von Jörg Haider angehören, zu diesem Schritt geraten.

Die WKO-Spartenobmänner der Gastronomie, Bierbrauer, Winzer, Autospengler und Bestattungsunternehmen begrüßen die Entscheidung. Kritik gibt es jedoch von Seiten des Berufsverbandes der Verkehrspsychologen und von Vertretern der Fahrradindustrie, die durch diese Maßnahme schwerwiegende wirtschaftliche Einbußen befürchten.

Teststraße
Durchgeführt werden die 72-Stunden-Alko-Tests von der Polizei, die hierfür in jedem Bundesland Drive-in-Teststraßen namens Planquadrat eingerichtet hat. Wir besuchen eine Teststation in Retz, wo sich Pensionist Hubert F. gerade sein Ergebnis abholt: „Negativ! Supa! Jetzt geht's gleich weiter zum dreitägigen Kurzurlaub beim Heurigen, da werd ich mich jetzt ausgiebig den drei Gs widmen: Grüner Veltliner, Grauburgunder und Gemischter Satz."

Sein Ziel: „Eine Inzidenz von über drei Promille. Prostata, die Herrschaften!", lacht der gutgelaunte Mittfünfziger, prostet den Polizisten aus seinem Audi mit einem Doppler zu, nimmt einen großen Schluck und fährt davon.

Lange Wartezeiten
Doch nicht überall funktioniert alles so reibungslos. Wegen des großen Andrangs und Lieferschwierigkeiten bei Alkomat-Herstellern betrugen die Wartezeiten bei der Initiative „Wien bläst" zuletzt oft mehrere Stunden.

In der Hauptstadt will man deshalb verstärkt auf kostenlose Selbsttests für zu Hause setzen. Die Testkits sind mit E-Card in jeder Apotheke erhältlich und enthalten ein Stück Kreide, mit dem man auf den Fußboden einen geraden Strich malen und diesen dann entlanggehen muss. „Alternativ kann man auch ein Video davon machen, wie man sich bei geschlossenen Augen auf einem Bein stehend mit dem Zeigefinger auf die Nasenspitze greift, und dieses an die nächste Polizeidienststelle schicken", erklärt Gesundheitsstadtrat Peter Hacker.

POLITIK   1. Juni 2021

Für sicheren Weg zur Arbeit: Thomas Schmid trägt jetzt Pöbel-Defender 3000

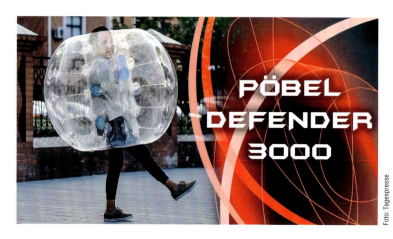

Foto: Tagespresse

Endlich nicht mehr wie der Pöbel reisen! Um unerwünschte Kontakte mit Untermenschen zu vermeiden, bestreitet ÖBAG-Überflieger Thomas Schmid seinen Arbeitsweg künftig nur noch mit dem Pöbel-Defender 3000. Die innovative Luftblase schützt den Träger vor Kontakt mit Ungeziefer wie Passanten oder Mitmenschen.

WIEN – Wie hypnotisiert starrt Thomas Schmid auf das Ungetüm. „Gehen wir weiter, Chef, schnell", schreit ihm seine Mitarbeiterin zu. Durch die Schutzhülle seines Pöbel-Defenders 3000 hört der ÖBAG-Chef fast nichts.

In der Blase ist sein Gehirn per Elektroden direkt mit WhatsApp verbunden. Per Neurolink werden seine Gedanken live in derselben Sekunde an die ÖVP-Familie geschickt und eine Sekunde darauf an die Staatsanwaltschaft. Seine Hände hat er so für Wichtigeres frei – wie zum Beispiel Daumendrehen, ein essentieller, wenn nicht sogar der essentiellste Bestandteil seiner Karriere.

Saustall Wien
„Es ist einfach nur widerlich, was ist das?", fragt er, während er sich von den Döblinger Bergen Richtung „Saustall Wien" herunterrollt. „Das ist eine sogenannte U-Bahn", erklärt eine Mitarbeiterin. Schmid versteht nicht. In einer perversen Mischung aus Faszination und Ekel beobachtet er, wie die U6 in eine Station einfährt und sich die Türen öffnen. Menschen strömen heraus. „Das Monster legt Eier", schreit Schmid und rollt wie wild in seinem Pöbel-Defender davon.

Tolle Features
Erster Bezirk. Der wichtigste Mensch Österreichs ist wieder in Sicherheit. „Das Ding spielt alle Stückeln", freut sich Schmid über die 800 000 Euro teure Dienstbubble aus handgemachter Babywelpenhornhaut, die ihm vom Steuerzahler spendiert wurde. „Es weist Regen und Flüchtlinge ab und bietet Schutz vor aufmüpfigen, stalinistischen Betriebsräten. Man kann sie, wenn's sein muss, Vollgas einfach überrollen."

In Notsituationen kann außerdem ein Knopf gedrückt werden. Sofort werden Reden von Margaret Thatcher, Inspirational Quotes von Investment Punk Gerald Hörhan oder der WKO-Song abgespielt, die jede Supermarktkassierin in die Flucht schlagen und Schmids fragiles Nervenkostüm beruhigen. Serienmäßig ausgeliefert wird die Bubble mit einer 4K GoPro Kamera, die bis zu sechzig Dickpics pro Sekunde anfertigen kann. „Das reicht natürlich bei Weitem nicht, aber es ist schon mal ein guter Anfang", erklärt Schmid, der auf ein Firmware-Update hofft.

„Uga, uga, uga!"
Nach getaner Arbeit heißt es für Schmid gegen halb elf endlich Freizeit. „Ein Ticket für den Tiergarten Schönbrunn, bitte, ah cool, ich kann das Affengehege schon sehen", lacht er und rollt sich an die Eingangstür eines Gemeindebaus in Meidling, um eine Karte zu kaufen. „Ich liebe diese primitiven Kreaturen, manchmal wirken sie fast wie Menschen, oder? Uga, uga, uga", schreit er einer Familie entgegen.

Dann wendet er sich einem Dealer zu und öffnet eine Luke des Pöbel Defenders 3000. „Einmal volltanken." Feinstes kolumbianisches

Kokain rieselt durch das Loch nach innen. „Ah, super", ruft Schmid und rollt seinen Diplomatenpass zu einem Röhrchen ein. Um der feinen Gesellschaft der ÖVP das Leben zu erleichtern, arbeitet Susanne Raab gerade an einer Pöbel-Landkarte, auf der alle wilden Tiere eingetragen werden, die keine Millionäre sind.

Verhängnisvoller Zwischenfall
Doch dann kommt es zu einem Zwischenfall. Schmid muss aufs Klo. Da im Defender bereits mehrere Liter Urin schwimmen, muss er erstmals seit April die Bubble verlassen. Am Gang des Büros dann der Schock – eine Mitarbeiterin schüttelt ihm die Hand. Schmid zittert, hat Angst, seit seiner Schulzeit hatte er keinen Kontakt mehr mit einem „Menschen", der unter 10 000 Euro im Monat verdient. Ob sein Immunsystem dafür bereit ist? „Hab ich jetzt Esels-Aids?", fragt Schmid, während er in die Bubble zurückkriecht.

POLITIK   2. Juni 2021

„Hab dich nur mehr mittelgern": Hofer jagt Kickl mit Rasentraktor durch Wien

Schockierende Szenen spielen sich derzeit in Wien ab. Der zurückgetretene FPÖ-Chef Norbert Hofer jagte einen panisch schreienden Herbert Kickl auf einem Rasentraktor durch die Wiener Innenstadt. Es handelt sich um die nächste überraschende Wende im FPÖ-internen Machtkampf.

WIEN – „Oje, mein lieber, lieber Herbert, wieso schreist du so, bereitet dir etwas Unbehagen?", fragt Norbert Hofer süßlich lächelnd, während Kickl nur knapp vor dem quietschenden Vorderreifen des Rasentraktors in einen Busch hechten kann.

Manisch lächelnd wendet Hofer, lässt den umgebauten 350-PS-Motor aufheulen und beschleunigt dann wieder auf 140 Stundenkilometer, während sich Kickl hinter einer Taube versteckt. „Ich will doch nur spielen, lieber Herbert! Wo bist du? Es tut auch nur ganz kurz weh, ich verspreche es. Ich hab dich zwar nur mehr mittelgern, aber ich mag doch nicht, dass du unnötig leidest", sagt Hofer, während er Messer an seinen Kühler bindet.

Alptraum
Schnaufend versteckt sich Kickl hinter einem Covid-Aerosol. Für den zukünftigen FPÖ-Chef begann der Alptraum schon heute Vormittag. Er wollte zu einem Termin fahren, doch irgendjemand hatte die Kindersicherung in seinem Büro aktiviert. Kickl saß in der Falle. Bis ausgerechnet Hofer auftauchte, um ihn zu retten.

„Die FPÖ ist wie der Film The Purge, aber umgekehrt", analysiert Politologe Peter Filzmaier. „364 Tage im Jahr darf jeder jedem das Messer in den Rücken rammen, ohne Konsequenzen. Aber an einem Tag im Jahr, am Aschermittwoch, zeigt man Einigkeit und hetzt vor einem Saal grenzdebiler Kellernazis in Ried nach neun Bier gegen Muslime, Radfahrer und radfahrende Muslime."

„Such, liebe Jessy!"
Hofer kann Kickl nicht finden. Er steigt mit schweißnasser Stirn vom Rasentraktor und lässt seine Hündin an einer alten Fantasieuniform von Kickl schnüffeln. „Such, liebe Jessy, such! Wir geben nicht auf, wir machen weiter bis zur lieben Vergasung, gelt?" Jessy fletscht die Zähne, nimmt die Witterung auf und läuft los. Sie spürt Kickl in einem AirPods-Case auf.

Spektakuläre Flucht

Jetzt hat Hofer seinen Kontrahenten in eine Ecke gedrängt. „Na, wer lacht jetzt?", fragt Hofer manisch lachend. Kickl will bereits auf die Zyankali-Kapsel in seinem rechten Backenzahn beißen. Ein beängstigendes Wiehern hallt durch die Gasse. Jessy flüchtet. Hofer fällt vom Rasentraktor. Ein majestätisches Polizeipony läuft auf die beiden zu, Kickl schwingt sich auf seinen Rücken und füttert es mit einem Stück Zucker. „Danke, dass du gekommen bist, Adolf Hitler." Das Pony wiehert. Kickl gibt Adolf Hitler die Sporen und flüchtet.

POLITIK 7. Juni 2021

Nach Karlsplatz-Räumung: ÖVP präsentiert „Jugendlichen-Landkarte"

Keine Vorverurteilung, nur einen Überblick über extremistische Gefährder: Das soll die neue „Jugendlichen-Landkarte" bieten, die heute von ÖVP-Innenminister Karl Nehammer und Jugendministerin Susanne Raab präsentiert wurde. Nach der Räumung des Wiener Karlsplatzes in der Nacht auf Samstag soll die Karte Klarheit über die Gefahrenlage schaffen.

WIEN – Mit zusammengekniffenen Augen starrt der Innenminister auf die Karlskirche. Tagsüber wirkt sie fast harmlos. Abends zieht sie die gefährlichste Parallelgesellschaft Wiens an: Jugendliche. Die MA 48 reinigt gerade den Platz. „Das hat es bei uns früher nicht gegeben, Jugend...", schüttelt Nehammer den Kopf. Er selbst nahm bereits mit elf Jahren einen Vollzeitjob in der ÖVP an, baute mit 15 ein Fertigteilhaus in Klosterneuburg und wurde mit 17 zum vierten Mal Vater.

Nehammer fischt eine Gösser-Dose aus dem Meer an leeren Pfeffersprays und nippt daran. „Die ist noch frisch. Sie waren letzte Nacht wieder da." Mehrere BVT-Einheiten wurden inzwischen abkommandiert, sie beobachten nun rund um die Uhr Bushaltestellen, Schulen und TikTok. „Eine 15-Jährige hat versucht, in Bratislava Doc Martens zu kaufen, was hat sie vor?", rätselt Nehammer und klickt sich durch den Instagram-Account der Verdächtigen.

Brandgefährliche Hotspots
Nach der Eskalation am Wochenende präsentiert die ÖVP heute Vormittag, geschützt von Hunderten Polizisten in voller Montur, eine Jugendlichen-Landkarte. „Liebe Wiener und liebe Wiener, die leider nicht in Österreich leben, sondern in Wien! Karlsplatz, Donaukanal, zwischen den Museen, am, auf und wohl auch unterm Wasser: Das sind die brandgefährlichen Hotspots der radikalisierten Jugend. Wir können nicht länger wegschauen", bellt Nehammer in die Mikrofone.

Nehammer demonstriert stolz die Landkarte. „Nehmen wir Jan, 15, aus St. Pölten", sagt er und zeigt auf der Leinwand ein auf fünf mal fünf Meter vergrößertes Passfoto eines verpickelten Teenagers. „Gestern nippte er nur an einem Ottakringer Radler am Karlsplatz, aber morgen nimmt er vielleicht schon Heroin im Vereinslokal der Sozialistischen Jugend. Und im Herbst wählt er dann bei der Neuwahl die Grünen. Wollen wir solche Leute in unserem Wertesystem?"
„Die Landkarte ist nur der erste Schritt. Wenn auch der nichts bringt, dann wird es spezielle Kennzeichnungen für Jugendliche wie L17-Schilder geben, und wir werden die Moschee hinter uns ein für alle Mal schließen und für ganz Österreich ein Platzverbot verhängen", ergänzt Jugendministerin Susanne Raab.

Danke schön
„Danke, dass ihr ein Jahr lang für mich und andere Ältere auf euer Freizeitleben verzichtet habts, hier ein Zeichen meiner Anerkennung", lacht ein 57-jähriger Polizist und sprüht mehreren jungen Menschen Pfefferspray in die Augen. Auch ein Pensionist schreit auf dem Weg nach Kroatien entsetzt aus dem SUV: „Diese ungeimpften Virenschleudern sind eine Gefahr für uns alle, sperrts die Gschrappen wieder daheim hinterm Computer weg! Die Welt is so schön ohne diese Generation Gretl."

Nebelgranaten?
In der ÖVP wirkt man nervös. „Die Kanzlerpartei muss immer größere Nebelgranaten abfeuern, um von den internen Skandalen abzulenken", erklärt auch Politexperte Peter Filzmaier. „Insider erwarten, dass Parteirambo Andreas Hanger noch diese Woche einfach so einem Baby den Kopf abbeißen könnte, nur um Kurz, Schmid und Pilnacek aus den Schlagzeilen zu bekommen." In der ÖVP weist man die Anschuldigungen vehement zurück. Einem Baby würde man nie den Kopf abbeißen, höchstens einem Jugendlichen.

POLITIK 9. Juni 2021

Nach Absturz im Ranking: Wien Tourismus präsentiert 13 neue Slogans

Nach dem Absturz im Economist-Ranking der lebenswertesten Städte der Welt arbeitet Wien Tourismus fieberhaft daran, Touristen und Geschäftsreisende wieder in die Stadt zu locken. Wir haben die 13 neuen Slogans.

SPORT 14. Juni 2021

„Die bürgern dich sonst aus!": Alaba hält Arnautović davon ab, sich türkises Dress vom Leib zu reißen

Zu groß war der Schmerz – in Minute 90 warf ÖFB-Spieler Marko Arnautović schlussendlich die Nerven weg und wollte sich sein türkises Dress vom Leib reißen. Nur mit massivem Körpereinsatz gelang es Kapitän David Alaba vor laufenden Kameras, seinen Teamkollegen von einem großen Fehler abzuhalten.

BUKAREST – „Ich weiß, es tut weh, Oida, aber du musst jetzt stark sein, du bist doch ein Floridsdorfer, du wurdest auf diesen einen Moment dein ganzes Leben lang vorbereitet", brüllt Alaba dem sichtlich neben sich stehenden Arnautović ins Gesicht und hält ihm dabei den Mund zu. Arnautović, der Sekunden zuvor noch beim Torjubel per Handzeichen signalisiert hatte, dass alles okay sei, steht plötzlich kurz vor dem Kollaps.

Arnautović kämpft, sein Gesicht ist vom Schmerz verzerrt. „Denk an den Hanger Andi", brüllt Alaba. Arnautović erzittert, als er den Namen hört, er kämpft mit den Tränen. „Der hat uns ja in der Kabine gesagt, er kommt in der Nacht ins Hotelzimmer und frisst unseren Reisepass, wenn wir ned brav sind! Die schicken dich auf den Balkan, Brate, dann kannst dort unten mit deinem Maybach irgendwelche Schafe im Uber fahren", warnt Alaba.

Schock

Auch die gegnerische Mannschaft steht geschockt auf dem Feld. „Marko hat mir kurz davor nach dem Tor noch zugeschrien, dass er meine Mama sehr gern hat und meiner Familie Gesundheit wünscht, und dann das", schüttelt der nordmazedonische Verteidiger Ezgjan Alioski traurig den Kopf, als er die Szene mit Tränen in den Augen beobachtet.

Sekunden des Bangens erscheinen wie eine Ewigkeit. Dann kann sich Arnautović kurz befreien. „Sebastian Kurac! Ich verdien so viel, ich kann deine Inserate kaufen", schreit er immer wieder in die Kameras, bevor ihm Alaba wieder den Mund zuhält. Damit die Regierungskritik nicht bis nach Österreich durchdringt, drückt Senderchef Alexander Wrabetz einen Notknopf. Der ORF-Übertragungswagen geht in Flammen auf.

Schlimmer Verdacht

Es sind beklemmende Szenen, die niemand vergessen wird. Ein beängstigender Verdacht drängt sich auf: Wird das ÖFB-Team derzeit in türkiser Geiselhaft gehalten und für Propagandazwecke missbraucht?

Ein Vorwurf, von dem man in der ÖVP nichts hören will. „Und habts scho geduscht, jo? Jo?", fragt Bundeskanzler Sebastian Kurz, als er wie ein Wunder mit dreißig Fotografen in der Kabine erscheint.

Mehrere Spieler gehen vor ihm auf die Knie. Die Halsschlagader von Arnautović schwillt wieder an.

Alaba flüstert ihm zu: „Reiß dich zusammen, Oida! Der schließt sonst auch im Team die Balkanroute, dann simma nicht einmal mehr Top 100!" Beim Gedanken daran, das Team in diesem Fall leiten zu müssen, beginnt Andreas Ulmer leise zu weinen.

Kurz und Teamchef Franco Foda ziehen sich zurück, um die Medienstrategie für das Spiel gegen die Niederlande zu besprechen. „Ich hab da noch was Kleines für euch", lächelt Kurz und öffnet eine Kühltasche mit 26 Spritzen Sputnik V.

WKO-Song
Insider befürchten, die türkisen Dressen könnten nicht der letzte Loyalitätsbeweis gewesen sein, den die ÖVP vom Nationalteam einfordert. Schon beim Spiel gegen die Ukraine soll vor dem Spiel statt *Land der Berge* der *WKÖ-Song* erklingen. Außerdem wird Flügelflitzer Stefan Lainer in Zukunft abseits des Platzes gebraucht, um im Wald mit Blümels Laptop spazieren zu laufen.

SPORT   16. Juni 2021

Um UEFA-Ermittlungen zu verzögern: Blümels Frau geht mit Arnautović spazieren

Es wird brenzlig für den ÖFB-Star! Nach mutmaßlich rassistischen Beleidigungen im Spiel gegen Nordmazedonien droht Marko Arnautović eine Sperre. Um die Ermittlungen der UEFA zu verschleppen, greift Österreich auf eine altbewährte Verteidigungstaktik zurück: Gernot Blümels Frau geht mit Arnautović spazieren.

SEEFELD – „Na, Sie haben aber einen lieben Kleinen, wie heißt er denn?", fragt ein Pensionist und zeigt mit einem Nordic-Walking-Stock auf den als Kindergartenkind verkleideten Shanghai-Legionär. Bevor Blümels Frau antworten kann, nimmt Arnautović sein Calippo Cola aus dem Mund und sagt: „Ich bin nicht klein, du dummer Tiroler Inzestgreis, ich mach dir ein zweites Kitzloch, Oida!"
Blümels Frau hält ihm sofort den Mund zu. „Der Marko hat leider sehr schlecht geschlafen, magst du dich vielleicht bei dem Mann entschuldigen, hm?" Arnautović seufzt. „Es tut mir leid, dass ich dummer Tiroler Inzestgreis gesagt hab, Sie lächerlicher Hurensohn." Blümels Frau zieht den Fußballer am rechten Ohr weg und reißt ihm das Calippo aus der Hand. „So nicht, junger Mann! So nicht!"

Untersuchung
Bei der UEFA zeigt man sich konsterniert über das Vorgehen. „Wir werden Marko Arnautović finden! Wir können bei Rassismus nicht wegschauen", erklärt UEFA-Chef Aleksander Čeferin entschlossen. Derzeit arbeiten mehrere Hundert Arbeiter aus Bangladesch bei 55 Grad in der Sonne 18 Stunden täglich an einem Untersuchungsbericht. „Wenn nicht zu viele wertlose Sklaven an Erschöpfung sterben, gibt es vielleicht noch heute ein Urteil", ist Čeferin optimistisch.

Coaching
Statt zum Training mit der Mannschaft geht es für Arnautović heute zum Message-Control-Individualcoaching ins Bundeskanzleramt. „Ich freue mich, dass ich etwas von meiner Lebenserfahrung an junge Menschen weitergeben kann", lächelt Kanzler Sebastian Kurz und bittet Arnautović herein.
„Sie kennen mich, ich war auch einmal jung und wild." Er zeigt Arnautović ein Bild, auf dem er übermüdet und stolz auf eine Uhr

zeigt, auf der es 00:01 Uhr ist, ein Bild, auf dem er mit Tränen in den Augen einen Shot prickelndes Mineralwasser ext, und ein Bild, auf dem er auf einer Party völlig die Kontrolle verliert und gerade seinen zweiten Hemdknopf öffnet.

Doch das Coaching endet im Eklat. Kurz stürmt nach wenigen Minuten mit rotem Kopf aus dem Raum. „Er will mein Leben kaufen? Kein Problem, macht 49 000 Euro. Aber was will dieser Typ mit meiner Mami machen? Was heißt dieses Wort? Das hab ich doch noch nie gehört! Ich verstehe diese rüde Pöbelsprache nicht."

Er gibt einen Begriff auf Google ein, liest konzentriert die Ergebnisse, dann lässt er das Handy kreidebleich in seinen Thermomix-Schredder fallen und sagt alle Termine für den restlichen Tag ab.

SPORT   22. Juni 2021

Historischer Erfolg: Foda entdeckt fernes Reich jenseits der Mittellinie

Einen historischen Erfolg feierte gestern das ÖFB-Nationalteam: Erstmals in der Geschichte drangen die Spieler in bisher unbekanntes Terrain jenseits der Mittellinie ein. Das Gebiet, in alten Aufzeichnungen der Urväter als „gegnerische Hälfte" bezeichnet, existiert also offenbar wirklich.

BUKAREST – „Was ist das da am Horizont? Stimmen meine Aufzeichnungen etwa doch nicht? Gibt es da draußen noch ein zweites Tor?" Teamchef Franco Foda stellt seinen Ferngucker scharf, während er über die Mittellinie hinwegblickt. Seine Assistenten wühlen nervös in vergilbten Landkarten. Ist dieses unbekannte Areal ganz weit östlich doch kein Kaffeefleck, sondern gar ein fremder Strafraum?

Foda schaut seine Mannschaft ernst an: „Schnürt euch die Schuhe, verabschiedet euch von euren Familien und euren treu ergebenen Sportjournalisten, was auch immer da draußen passiert, ihr werdet für eure Nation sterben."

Meilenstein
Schon in der dritten Minute ist es tatsächlich so weit. „Es ist nur ein kleiner Schritt für mich, und ein noch viel kleinerer für die Menschheit, aber ein großer Schritt für die Österreichheit", flüstert Marko Arnautović per Funk zum Basiscamp auf der Trainerbank.

Foda atmet nervös, beißt sich auf die Unterlippe, schweigt. Dann betritt zum ersten Mal ein ÖFB-Spieler das unbekannte Terrain jenseits des Mittelkreises. Die Spieler atmen ein, hüpfen am Boden auf und ab, gewöhnen sich schnell an das Leben in der neuen Welt. Der Trainer hat Tränen in den Augen. „Wäre es vermessen zu behaupten, ich bin der Kolumbus von Wien?"

Stolz steckt David Alaba am gegnerischen Elferpunkt eine Stiegl-Fahne in die Erde. „Das hier ist ab sofort österreichisches Gebiet." Doch dann erblickt er in der Ecke des Spielfelds eine gelbe Fahne: „Oje, der Vatikan war anscheinend schon vor uns hier."

Gewagte Theorie
Nach der Expedition wird Foda philosophisch. „Wenn man ganz weit draußen im gegnerischen Strafraum verteidigt und dann fest zum anderen Tormann zurückpasst, dann könnte man rein theoretisch ein sogenanntes ‚Tor' schießen. Angriff ist so etwas wie eine umgekehrte Verteidigung, verstehen Sie? Wahrscheinlich ist der fremde Strafraum ein Paralleluniversum, eine Spiegelung unserer Dimension."

Die Existenz der zweiten Spielfeldhälfte galt in Österreich lange als umstritten. Der Legende nach gelang es zuletzt einer Gruppe von Abenteurern bei der WM 1954, in die unter Fußballexperten als „Todeszone" bekannte Gegend einzudringen. Manche kehrten nach waghalsigen Expeditionen nie mehr zurück, der Legende nach endeten sie als Experten bei Sky oder starben einen qualvollen Karrieretod als Kommentatoren bei oe24.tv.

Auch Foda gesteht, dass er anfangs Zweifel hatte: „Eigentlich wollte ich nur den kürzesten Weg zur Kabine finden, dass wir dabei den fremden Strafraum entdeckt haben, war ein Glücksfall der Geschichte."

Er plant nun bereits den nächsten Coup: „Wir werden mit dem CERN-Institut zusammenarbeiten und den Marko einen Ball immer wieder mit Lichtgeschwindigkeit durch einen kilometerlangen Tunnel schießen lassen. Ich will herausfinden, ob man nur einmal zufällig ein Tor schießen kann, oder ob dies auch mehrmals und kontrolliert möglich ist."

Italien in Angst
Für Italien könnte es am Samstag im Achtelfinale eng werden. Derzeit befindet sich ein zehnköpfiges Forscherteam in Jesolo, um Hans Krankl am Sandstrand unter einer meterdicken Schicht Bräunungsöl zu finden. Der erfahrene Goleador mit dem Spitznamen Indiana Hons soll im Achtelfinale eine weitere Expedition in den gegnerischen Strafraum anführen.

Um die Truppe während des waghalsigen Abenteuers zu verpflegen, arbeitet Marko Arnautović derzeit an einem eigenen Arnautović-Negroni, einer original italienischen Pasta mit Ketchup und Spaghetti Carbonara mit Schlagobers. In Italien kam es bereits zu ersten gewalttätigen Massenprotesten.

Arnautović lässt sich davon nicht beeindrucken. Er übt vor dem Spiegel die Begrüßung des fremden Volkes auf der anderen Seite der Mittellinie: „Vaffanculo! Stronzo! Ich bin bereit, Oida."

SPORT   22. Juni 2021

22 verschwitzte Männer, die sich berühren: UEFA prüft alle Teams wegen homosexueller Propaganda

Nur kurz währte die Freude über den Aufstieg des ÖFB-Teams ins Achtelfinale. Grund: Die EM könnte abgebrochen werden. Die UEFA ermittelt derzeit gegen alle Nationalmannschaften wegen Verbreitung homosexueller Propaganda.

NYON, SCHWEIZ – „Ich persönlich hab ja nichts dagegen, wenn sich erwachsene Menschen hinter verschlossenen Türen umarmen, sich nach einem Tor auf den Hinterkopf küssen oder verschwitzt übereinander herfallen", stellt UEFA-Präsident Aleksander Čeferin klar. „Aber diese homosexuelle Propaganda hat am Spielfeld nichts verloren. Die UEFA ist ein unpolitischer Heteroverband von ganz normalen Männern. Zum Schutz unserer Kinder wollen wir im Stadion nur Fußball, nationalistische Parolen und Affenlaute, wenn dunkelhäutige Spieler den Ball haben."

Schwierige Phase
Seit Manuel Neuer mit einer Regenbogenbinde den Platz betrat, hat Čeferin keine Sekunde mehr geschlafen. Er sichtet im Sekundentakt

neue Verdachtsfälle. Immer wieder muss er sich übergeben. Es sind Bilder, die selbst der erfahrene Profi nur schwer erträgt. Ohne die Mithilfe ungarischer Behörden wäre dieser Kraftakt unmöglich.

„Definiertes Sixpack, am ganzen Körper glatt rasiert, perfekter Undercut, wer kennt diesen extrem attraktiven 35-jährigen Polit-Aktivisten für gleichgeschlechtliche Anziehung?", fragt Čeferin und zeigt einen schwarz-weißen Fahndungspanini-Sticker von Cristiano Ronaldo.

Bei der WM 2022 in Katar soll es erst gar nicht so weit kommen: Neben der gelben und roten kommt erstmals auch die schwarze Karte (Enthauptung) zum Einsatz.

„Was ist das?", schreit Čeferin und zoomt im Livestream auf einen Fan auf der Tribüne, der bunte Skittles isst. „Regie! Sofort wegschneiden, da werden sonst wieder auf einen Schlag 10 000 unschuldige ungarische Kinder homosexuell. Cut, Cut, Cut, zeigts drüben in Sektor A die Hitlergrüße der Ungarn-Fans!"

Schlimmer Verdacht

Ein Vorfall der letzten Woche muss noch untersucht werden: „Wo ist der Videoschiedsrichter? Zeig mir die Szene mit Arnautović und dem Mazedonier noch einmal!" Čeferin setzt sich die Kopfhörer auf, hört genau hin. „Puh, falscher Alarm, alles gut, der will eh nur seine Mutter ficken und nicht den Vater ... wie ein ganz normaler Mensch."

Als Zeichen der Solidarität mit allen heterosexuellen Männern soll laut UEFA die Allianz-Arena in München beim morgigen Spiel mit Grillrezepten, Weltkriegsdokus und nackten Frauen beleuchtet werden.

POLITIK   24. Juni 2021

Spazieren reicht nicht mehr: Blümels Frau geht mit Laptop Jakobsweg

Foto: Depositphotos

Die Schlinge um Finanzminister Gernot Blümel wird enger. Längst reicht der kurze Spaziergang im Park nicht mehr aus, um sich dem langen Arm der Behörden zu entziehen. Blümels Frau machte sich in den frühen Morgenstunden daher auf, um gemeinsam mit dem Laptop den Jakobsweg zu gehen.

WIEN/CAMINO DE SANTIAGO – Blümel sitzt vor Google Maps und rechnet, während er seiner Frau ein Low-Carb-Fitnessweckerl für die Lunchbox schmiert: „Von Wien nach Santiago, das sind 750 Kilometer, also umgerechnet vierzig Badewannen oder 300 Handballfelder. Wenn du durchschnittlich 120 Stundenkilometer pro Sekunde gehst, bist du laut meinen Berechnungen drei Monate und fünf Zentimeter weg. Bis dahin sollte der U-Ausschuss vorbei sein."

Er stattet den Kinderwagen mit vier Ersatzreifen aus, hängt dem Dienstlaptop einen Rosenkranz um. Dann wird er emotional: „Ich weiß, es ist schwierig für uns beide, aber es ist besser so, wir werden diese Phase überstehen, gemeinsam", sagt er, gibt seiner Festplatte ein letztes Bussi und umarmt sie. Als sie außer Hörweite ist, murmelt er seiner Frau zu: „Wenn sie dich aufhalten ..." Er zeigt auf den Schredder.

Entschleunigung
Blümels neues Wertkartenhandy vibriert fast durchgehend. „Ich verstehe das ganze Tamtam nicht", seufzt er. „Sie ist eh bald wieder da. Es würde uns allen, vor allem der Opposition, echt ur guttun, wenn wir unser Leben ein bissl entschleunigen, uns nicht jedes Urteil eines unabhängigen Gerichts so sehr zu Herzen nehmen."

Blümel wird nachdenklich, hebt ein Ovid-Buch auf, das er sonst als Türstopper nutzt. „Ist es jetzt schon eine Sünde, wenn man an den lieben Gott glaubt? Ist es jetzt schon falsch, das Richtige zu tun? Ist es richtig, das Falsche zu richten? Stimmt es, dass Danilo Kunhar 600 Sit-ups schafft? Diese Fragen werden im U-Ausschuss natürlich nicht gestellt."

Exekutor kommt
Bundespräsident Alexander Van der Bellen klopft unterdessen ungeduldig an Blümels Tür. Die Exekution steht an. Als Henkersmahl wählte der Politiker einen Spirulina-Spinat-Detox-Smoothie mit achtzig Gramm Whey-Proteinpulver. „Gleich! Ich kann es kaum erwarten!", säuselt Blümel lieblich, während er eine Hantelbank unter die Türschnalle klemmt.

Auf der anderen Seite der Tür kaut Van der Bellen ungeduldig am USB-Stick, mit dem er die Daten abholen soll. „Ich würde dem Gernot sein Karriereende ja gerne würdevoll und schmerzlos gestalten. Für die Exekution hab ich sogar eine letzte Zigarette dabei. Wo ist sie? Oje, ich glaub, ich hab sie vorhin geraucht", sagt er nervös und tastet seine Taschen ab. Der anwesende Pfarrer schüttelt den Kopf.

Notfallplan
Sollten die Staatsanwälte und der Präsident auch im Herbst immer noch keine Ruhe geben, hat Blümel zumindest noch ein Ass im Ärmel: „Wenn auch der Jakobsweg nicht vor einem Zugriff schützt, dann wird der Sebastian mit meinem Laptop einfach in den Himmel auffahren."

POLITIK   28. Juni 2021

„Inhalte nicht erkannt": Sogar USB-Stick verweigert Rendi-Wagner die Unterstützung

Foto: Depositphotos/SPÖ (M)

Autsch, das sitzt! SPÖ-Chefin Pamela Rendi-Wagner muss nach dem Parteitag am Samstag den nächsten Rückschlag verkraften. Nicht einmal mehr ihr USB-Stick will sie noch unterstützen. Das Gerät konnte keine Inhalte erkennen und versagte der Politikerin den Dienst.

WIEN – „Gleich, einen Moment noch", lächelt Rendi-Wagner gequält und rammt den USB-Stick mit einem Entwurf für das neue Parteiprogramm mehrmals in ihren Laptop. Immer wieder poppt eine Fehlermeldung auf: „Inhalte nicht erkannt." Ein Berater beugt sich zu ihr und sagt: „Schuld sind der USB-Stick, der Laptop und Microsoft, Sie haben wie immer alles richtig gemacht."

Rendi-Wagner runzelt die Stirn. „Das ist komisch. Ich hab die Inhalte doch erst gestern komprimiert. Und ich bin sogar auf interne Kritiker eingegangen; als ich von WinRAR darauf hingewiesen wurde, dass meine Demoversion abgelaufen ist, habe ich sofort die Vollversion gekauft."

Vertrauensbeweis

„Siri, wieso geht mein USB-Stick nicht?", fragt die zunehmend genervte Rendi-Wagner ihr iPhone. „Tut mir leid, aber ich kann deine Botschaften nicht verstehen. Kannst du sie klarer kommunizieren?", entgegnet Siri. Rendi-Wagner lächelt: „Sie hat mich wahrgenommen, das ist ein wichtiger Sieg und ein großer Vertrauensbeweis. Danke, Siri. Ich werde weitermachen." Siri beginnt zu schreien: „Bitte nicht, töte mich, töte mi–" Rendi-Wagner dreht ihr iPhone schnell auf Mute.

Die SPÖ-Chefin wirkt seit dem katastrophalen Parteitag am Samstag neben der Spur. „Das täuscht nur", lächelt sie. „Ich bin sehr stolz auf die 75 Prozent. Es ist das beste Ergebnis in der Geschichte von Politik und seit der Erfindung der Zahlen." Noch in der Nacht auf Sonntag setzte sie hinter den Kulissen ein Verbot aller Zahlen über 75 durch.

Halbvoll

„Ich bin eine pathologische Optimistin. Unsere Inhalte sind nicht halbleer, sondern halbvoll." Sie nimmt genüsslich einen Schluck aus einem leeren Glas. „Mhmm, echte flüssige Flüssigkeit. Das hab ich mir nach dem besten Ergebnis der Geschichte einfach verdient." Ihre Berater klatschen euphorisch. Einer von ihnen schenkt ihr imaginäres Wasser ein. Rendi-Wagner steckt ihm ein Trinkgeld von 20 000 Euro zu.

Plötzlich läuft ihr Laptop heiß, ein Bluescreen erscheint, dann poppt ein Fenster auf: „Ihre Dateien sind verschlüsselt! Zahlen Sie uns zehn Bitcoin, sonst löschen wir alle Ihre Inhalte." Rendi-Wagner lehnt sich lächelnd zurück, es ist ihr nächster Sieg: „Welche Inhalte?" Ihr PR-Team klatscht.

LEBEN — 29. Juni 2021

Tornado in Tschechien, 48 Grad in Kanada, Dürre in Wien: Wer stoppt Marcus Wadsak?

Die dramatischen Wetterkapriolen in aller Welt nehmen kein Ende. Der unscheinbare ORF-Angestellte Marcus Wadsak verkündet täglich neue Horrorbotschaften. Die UNO will nun gegen das Mastermind des globalen Wettersystems vorgehen. Wer stoppt den irren Strippenzieher des Klimas und selbsternannten Wiener Wettergott?

WELT – „38 Grad im Schatten, kein Regen bis nächste Woche in zehn Jahren, perfektes Sommerwetter, viel Spaß, ich hoff, ihr habts a Klimaanlage!", lacht Marcus Wadsak diabolisch, während ihm die kühle Luft des klimatisierten ORF-Studios durch sein offenes Versace-Zirkusdirektor-Hemd weht.

Nur wenige Stunden später wird seine Drohung Realität, das Thermometer springt nach oben, vom ersehnten Niederschlag keine Spur. Wieder hat sich eine Prophezeiung des „manischen Wetterschamanen vom Küniglberg" (Zitat: ORF.at) erfüllt. Klimaforscher warnen: Wird Wadsak nicht bis 2030 aufgehalten, steht Mutter Erde vor dem Kollaps.

Wadsak selbst nimmt die Herausforderung an: „Ihr könnt mich nicht stoppen!", brüllt er vor der Landkarte und klebt einen „57 Grad Celsius"-Sticker und ein heißluftballongroßes Hagelsymbol über das Weinviertel. Kurz darauf lässt er einen Blitz im Studio niedergehen und verschwindet wie von Zauberhand in den Rauchschwaden.

Globaler Protest

Rund um die Welt formiert sich Widerstand gegen den wildgewordenen ORF-Wettergott. „Stop the heat, Mr. Wadsak", fordert etwa der kanadische Bieberhändler Ethan, 53, aus British Columbia, wo es derzeit heißer ist als in Dubai. Er demonstrierte heute Mittag zwanzig Sekunden vor der österreichischen Botschaft, bevor er wegen eines Hitzschlags reanimiert werden musste.

Auch in Tschechien fürchtet man sich vor dem „Celsius-Cäsaren von Wien" (Zitat: Bericht des UN-Sondertribunals in Den Haag). Ein Bewohner in Breclav, der aus Angst vor privatem Hagel im Wohnzimmer anonym bleiben möchte, erklärt: „Wir vernageln unsere Fenster gegen den Sturm, wir hängen uns Knoblauch und Kreuze um gegen den Wadsak! Warum lässt uns dieses Meteorologiemonster nicht endlich in Frieden?"

Spurensuche

Warum? Diese Frage stellen sich derzeit Millionen Menschen. Warum hasst der „sexy Sonnen-Stalin" (Zitat: Tinder-Bio) die Welt so sehr, dass er sie täglich mit neuen Katastrophen überzieht? Die Antwort lesen Sie jetzt in der neuen ORF-Nachlese Juli mit dem Titel:„Das sind meine Forderungen. Erfüllt sie oder verreckt wie elendige Hunde."

Aufgrund der erdrückenden Beweislage stellt die Regierung den Kampf gegen die Klimakrise nun ein, wie 1-2-3-Ticket-Ministerin Leonore Gewessler erklärt: „Man kann den von Menschen gemachten Klimawandel nicht bekämpfen, wenn der von Gott gemachte Wadsak etwas dagegen hat. Wir freuen uns, dass wir die Zusammenarbeit mit der ÖVP jetzt noch reibungsloser fortsetzen können."

POLITIK   2. Juli 2021

Verzögerungstaktik? Kurz liest im U-Ausschuss alle sieben Harry-Potter-Bände vor

Bevor Bundeskanzler Sebastian Kurz im U-Ausschuss unangenehme Fragen beantworten muss, will er zuerst noch dringende Angelegenheiten aufklären: Wohin wird Harry vom sprechenden Hut geschickt? Steht Hermine auf Harry oder ist es doch nur Freundschaft? Und warum schmerzt seine Narbe plötzlich so?

WIEN – „‚Hagrid, sag, meine Eltern … war das auch Voldemort?', fragte Harry. Hagrid schluckte. ‚Wir nennen ihn Du-weißt-schon-wer', flüsterte er", liest Millennial-Kanzler Kurz aus seinem Lieblingsbuch vor und träufelt sich eine menschliche Träne auf seine Wange. „Ich kann mich mit Harry so gut identifizieren. Wir sind beide Auserwählte. Auch meine Mama leidet sehr unter Du-weißt-schon-wer, also, unter der …" Er flüstert: „… der Opposition."

Sobotka außer Gefecht
Obwohl man politisch brisante Fragen klären will, kann niemand den Kanzler stoppen, denn der U-Ausschuss-Vorsitzende Wolfgang Sobotka ist außer Gefecht. Sein Schnarchen donnert durch den

Raum. Die Scheiben des Sitzungssaals vibrieren. Immer wieder kippt er nach vorne und schlägt mit dem Kopf auf dem Tisch auf, schreckt kurz hoch und stammelt: „Das ist Teil des Untersuchungsgegenstands!" Dann gleitet er wieder zurück in seinen komatösen Tiefschlaf und träumt von einer besseren Welt ohne U-Ausschüsse.

Fester Trottel
„Entschuldigung, wie war das mit den Chatnachrichten jetzt?", fragt Stephanie Krisper von den NEOS nach vier Stunden. Kurz schiebt die Lesebrille von der Nase. „Na super, danke für die Unterbrechung, du verhöhnst die Literatur, du bist wirklich ein fester Trottel! Ich mache mir Sorgen um die literarische Kultur dieses Landes! Jetzt weiß ich nicht mehr, wo ich war, und muss von vorne anfangen. Und wenn ich mich bei der nächsten Unterbrechung verlese, dann ist es gleich wieder eine Falschaussage." Seufzend blättert er auf Seite 1 zurück.

In der SPÖ sieht man die verzögerte Befragung unterdessen gelassener: „Harry Potter ist eh auch ur spannend", lächelt Kai Jan Krainer, der seit zwei Stunden mit seiner rechten Hand in einer Pringles-Dose feststeckt. „Dieses Askaban erinnert mich immer an die Löwelstraße. Lauter selbsternannte Zauberer, die dort für immer gefangen sind."

„Psst, seids ruhig!", fordert Grünen-Abgeordnete Nina Tomaselli. Der Koalitionspartner steht weiterhin zum Kanzler. „Ich mag wissen, ob Hagrid was mit der Kammer des Schreckens zu tun hat. Lasst uns doch mal für einen Tag die Tagespolitik vergessen ..." Plötzlich wird es eiskalt im Sitzungssaal. Kurz hört auf zu lesen. Sobotka wacht auf. Dementor Andreas Hanger kommt vom WC zurück und schleicht durch die Tür. Alle frösteln.

Tortur
Es ist drei Uhr früh. „Und dann winkte Harry dem Hogwarts-Express nach. Ende!" Die Abgeordneten atmen auf, Sobotka wird wach und verschluckt sich an seiner eigenen Trenzspur. „Moment! Ich bin noch nicht fertig. Jetzt müssen wir noch den Mörder finden", lächelt Kurz und holt neun tausendseitige Bücher aus seinem Rucksack: „Schon mal was von Stephen King gelesen?"

POLITIK   6. Juli 2021

„Damit Arbeitslose Arsch hochkriegen": Kocher entlässt eine Million Schlangen in Kanalisation

Foto: BKA/Florian Schrötter, Polizei Graz

Gestern wurden strengere Strafen für Arbeitslose angekündigt, heute folgen Taten. Bundesminister Martin Kocher verkündete die erfolgreiche Einschleusung einer Million Albinopythons in die Kanalisation Österreichs. Diese sollen Jobsuchenden dabei helfen, „endlich ihren Arsch hochzukriegen", wie der Arbeitsminister erklärt.

WIEN – „Genug Zeit verschissen, jetzt heißt es anpacken! Statt besserer Arbeitszeiten und höherem Gehalt setzen wir auf mehr Schlangen", erklärt Kocher stoisch und lässt die erste Albinopython persönlich ins Klo gleiten.

„Los, Reagan, erhöhe die Arbeitsbereitschaft der faulen Low Performer!" Reagan verschwindet züngelnd in der Wiener Kanalisation. „Und jetzt du, Thatcher", lacht Kocher und greift zur nächsten Schlange. „Sssssss ch ch ch ssss – oh, Verzeihung, habe ich gerade wieder Parselmund gesprochen? Alte Angewohnheit", entschuldigt er sich.

Motivation
Die Albinopythons stammen aus der SVS, wo sie bisher als Sachbearbeiter tätig waren. Sollte die Motivation der „arbeitslosen Superfaulis" (Zitat: Verordnung des Ministeriums) trotzdem nicht zunehmen, könne man dank Klimawandel bald auch Alligatoren, Piranhas und drei Meter lange Komodowarane in Kloschüsseln ansiedeln.

„Neueste Studien der Harald-Mahrer-Realitätsfern-Uni haben außerdem ergeben, dass Arbeitslose bevorzugt im Beisl herumfaulen, wie sie es selbst nennen. Deshalb werden wir dort auch mit Feuerquallen im Bierkrügerl arbeiten, weil diese Gierhälse den Mund ja nicht voll genug bekommen können."

Effektiv
Die Maßnahme zeigt bereits Wirkung, wie ein Lokalaugenschein bei einem Langzeitarbeitslosen zeigt. „Aua, ahhhhhh, beim Barte des Führers!", schreit der nicht amtsführende Stadtrat a. D. Johann Gudenus gegen zehn Uhr vormittags. „Dieses Scheißviech hat mich in die Nase gebissen." Der Ex-Politiker wollte gerade eine Visitenkarte von der Klobrille ziehen. „Kann man nicht mal mehr gemütlich frühstücken?", schreit er und klappt den Klodeckel zu.

Auch die amtsführenden nicht amtsführenden Stadträte Wiens leben seit heute Vormittag in Angst und Schrecken. Sie wollen sich so schnell wie möglich nach einem echten Job umsehen.

Kraftakt vollbracht
Eine Stunde später. Kocher reibt sich den Tennisarm vom vielen Schlangenheben. Es ist das erste Mal, dass der Minister etwas heben muss, das mehr wiegt als ein Montblanc-Kugelschreiber. Kocher blickt in seinen leeren Bottich. Alle Pythons sind weg.

„Keine Sorge, die sind nicht giftig. Das wäre ja zutiefst unverantwortlich, wir wollen nicht die Gesundheit unserer Wirtschaft gefährden, kranke Arbeitskräfte verursachen ja nur Kosten." Leichte Schlangenbisse an Hoden, Anus und Vulva sind laut Kocher jedenfalls kein Grund, dem Job fernzubleiben. „Zu viel sitzen ist eh ungesund. Stehen aber auch. Am besten ist, Sie laufen und schnallen sich dabei einen Laptop um, wenn Sie dem Gesundheitssystem nicht auf der Tasche liegen wollen."

LEBEN   8. Juli 2021

Rekordhitze: Ausgetrockneter Neusiedler See legt erstmals Tor zur Hölle frei

Foto: Tagespresse

Die Hitze sorgt heute für ein phänomenales Naturschauspiel im Osten Österreichs. Der Neusiedler See trocknete vollständig aus, zum ersten Mal ist der darunterliegende satanische Höllenschlund und die Pforte zum Totenreich mit freiem Auge sichtbar. DiETAGESPRESSE ist vor Ort.

PODERSDORF – „Ein Reich der Toten und Verdammten, vor dem der bissige Höllenhund Hades-Peter Doskozil Wache hält. „Wahnsinn, genau so, wie das Burgenland schon im Alten Testament beschrieben wurde", stammelt der Surfer Franz Gundacker ehrfürchtig.

Normalerweise kommt Gundacker um diese Jahreszeit hierher, um im drei Millimeter tiefen Wasser so zu tun, als wäre er ein furchtloser kalifornischer Wellenreiter. Doch heute ist hier die Hölle los. „Riecht ihr das auch, der Atem des Satans." Aus dem Loch steigt eine Wolke auf, es stinkt nach ätzendem Schwefel und überteuertem Hillinger-Essig (Handelsname: „Chardonnay Blanc").

Mystische Wesen
„Die Gerüchte stimmen, das Burgenland ist wirklich die Hölle", notiert Forscherin Petra Holaubek, während ihr aus dem Höllenschlund gefährliche Wesen wie drei Meter große Gelsen und aufdringliche Bademeister mit dem lächerlichsten Akzent des Landes entgegenströmen.

Ein Einheimischer beruhigt jedoch: „Die Gelsen da san ned aus da Hölle, die hamma immer", schreit er, während er das Insekt mit einer Schrotflinte erlegt, sie mit fünf Freunden überwältigt und zu Boden drückt.

Worst-Case-Szenario
Die Behörden befürchten nun, dass Dämonen und Untote aus dem Tor ins Freie gelangen könnten, um Chaos zu stiften, das Land zu verwüsten oder sich im Kurier kritisch zur Situation der SPÖ zu äußern.

„Gar nicht auszudenken, was passiert, wenn Satan persönlich raufkommt, um zu fragen, wie es seinem Bausparer bei der Commerzialbank Mattersburg geht", schluckt eine Polizistin nervös.

Gastfreundschaft
Typisch für das Burgenland sind jedoch die Gastfreundschaft und Offenheit der Einheimischen, wie man bei einem lokalen Heurigen beobachten kann: „Setz di her, samma mehr", lacht ein Pensionist und bietet Satan einen Platz und eine Flasche Wein an. Dieser bedankt sich und wird plötzlich ernst, als er das Hillinger-Etikett sieht. Nur ungern wird er auf seinen unehelichen Sohn angesprochen.

Aufbruch in besseres Leben
Doch nicht alle Burgenländer und Burgenländerinnen sehen die Öffnung der Hölle auf ihrem Gebiet negativ. „Es is eh immer soooo fad bei uns, amoi im Jahr Elvis-Presley-Night im Pfadererheim, mehr homma ned", seufzt die Teenagerin Karin (17) aus Pinkafeld, bevor sie ihren Rucksack packt und sich in die Hölle aufmacht, wo sie auf ein schöneres Leben als im Burgenland hofft.

POLITIK 14. Juli 2021

Purer Alptraum: Rendi-Wagner entdeckt Hans Peter Doskozil in Toilette

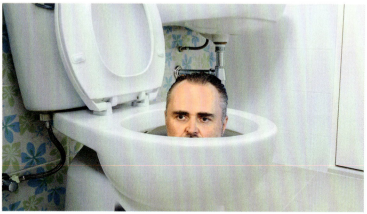

Das will wirklich niemand erleben! SPÖ-Masseverwalterin Pamela Rendi-Wagner machte heute beim Gang auf die Toilette einen Horrorfund: Wie aus dem Nichts tauchte plötzlich eine Landeskaiserpython in ihrer WC-Schüssel auf.

WIEN – Eingehüllt in eine SPÖ-Decke sitzt Pamela Rendi-Wagner vor ihrer Wohnung. „Als gelernte Ärztin könnte ich mich natürlich jetzt selbst behandeln, aber ich will hier einem Beschluss der Gremien nicht vorweggreifen."

Ein junger Zivildiener, der normalerweise im Büro von SPÖ-Nachwuchshoffnung Josef Cap arbeitet, kniet neben ihr und misst ihre Vitalwerte. „Die Sauerstoffsättigung beträgt nur 75,3 Prozent, wir müssen Sie sofort ins Krankenhaus bringen." Rendi-Wagner ignoriert ihn und stammelt vor sich hin, während sie auf das wie wild blinkende Gerät tippt: „Die Richtung stimmt, die Richtung stimmt. Sebastian Kurz hat nur 19 Prozent Körperfettanteil, das sind noch schlechtere Werte."

Schock
Doch was ist passiert? Als die Fünfzigjährige nichtsahnend den Klodeckel am WC öffnete, fauchte ihr plötzlich ein Hans Peter Doskozil aus der Schüssel entgegen. „Er zischte irgendetwas von Umsturz und Revolution. Ich hab ihn mit Uhudler betäubt und dann versucht, so viel Klopapier wie möglich in die Schüssel zu werfen. Zum Glück stehen in den Parteitoiletten ja mehrere Gratiszeitungsboxen", erzählt Rendi-Wagner.
Ein wildgewordener Doskozil im Klo – der größte Alptraum jeder Parteichefin. „Ich bin dann in mein Büro gelaufen, hab den Pattex -Faymann-Ultra-Sesselkleber 9000 geholt und das Klo einfach zugepickt."

Fassungslosigkeit
Minutenlang ging die SPÖ-Chefin verwirrt und vom Adrenalin aufgepeitscht im Kreis. Wen ruft man in so einem außergewöhnlichen Fall? Den Tiergarten Schönbrunn? Den Kammerjäger? Oder doch gleich den Bundesrat? „Ich hab schon fast Sozifresser Andreas Khol gerufen", gibt die SPÖ-Chefin zu.
Nach zwanzig Minuten trifft Stefan Illek, Schlangenfänger bei der MA 48, ein: „Wir holen jeden Tag 48 Tonnen Pythons aus den Wiener Toiletten, aber so eine Schlangengrube wie in der Löwelstraße ist mir noch nicht untergekommen. Das heutige Exemplar gehört zur Gattung der Landeskaiserpythons, diese kommen auch in Kärnten, Tirol oder Niederösterreich vor. Giftig sind allerdings nur die aus den Schilfregionen."
Doskozil wollte aber weder tödlich angreifen noch sich zurückziehen. „So was sieht man in der Natur sehr selten. Die Aggressivität einer Hyäne, aber der Mut einer Schnecke. Immer wieder spannend, wie die Evolution in isolierten Enklaven wie Galapagos, Madagaskar oder Oberpullendorf bizarre Alleingänge hinlegt."

Erfolgreiche Bergung
Noch ist unklar, wie der burgenländische Landeshauptmann aus seinem abgesperrten Terrarium in Eisenstadt entkommen konnte. Ein Eindringen aus dem Burgenland bis nach Wien galt bisher als fast unmöglich – es fehlt eine öffentliche Verkehrsverbindung. „Falls das mit dem Klimawandel und dem 1-2-3-Ticket aber so weitergeht, wird dies nicht der letzte Fall gewesen sein", warnt Illek besorgt.

POLITIK   15. Juli 2021

Gegen Hitze: Betonglocke soll Wien künftig vor Sonneneinstrahlung schützen

Foto: Tagespresse

Erderwärmung? Nicht mit Wien! Eine riesige Betonüberdachung wird der Stadt bald den ersehnten Schatten spenden. Der „Ulli-Sima-Mega-Dome" soll im massiv-modernen Stahlbeton-Sarkophag-Look außerdem das Stadtbild verschönern und an den Rändern Platz für eine 360-Grad-Konsumzone mit Gastroständen bieten.

WIEN – Die Pressekonferenz auf einem 55 Grad heißen Betonplatz in der Seestadt Aspern, direkt unter einem beschaulichen Betonbaum, fängt etwas verspätet an, da mehrere kollabierte Journalistinnen und Journalisten von der Rettung entfernt werden müssen.

Als es losgeht, zeigt sich Planungsstadträtin Ulli Sima erleichtert. Lange musste sie um das Projekt kämpfen. „Ich seh mich quasi als die Mahatma Gandhi, die Martin Luther King oder die Britney Spears von Wien. Die Kuppel ist mein Baby, das man mir wegnehmen wollte. Aber am Ende hab ich sie doch bekommen", schildert Sima ihren mutigen Kampf gegen Grünflächen.

Sie nippt zufrieden an ihrem Aperol-Spritzbeton. „Mhmm, so herrlich bitter-fruchtig, noch einen bitte." Der Kellner serviert ein zweites Glas. Sima nimmt ihr Glas und schaut philosophisch in die Ferne auf ein riesiges Ulli-Sima-Plakat, auf dem sie ebenfalls mit einem Aperol-Spritzbeton in der Hand philosophisch in die Ferne schaut. „Wissen Sie, Parks, Wiesen, Bäume, jeder weiß, dass derart vergängliches Botanikzeug im Zeitalter des Klimawandels keine Zukunft hat. Nur zwei Dinge währen ewig: Beton von Strabag und Beton von Charly Blecha."

Kostengünstig
Die Ulli-Sima-Kuppel soll aus fünf Meter dickem Stahlbeton bestehen und umgerechnet 2,7 Krankenhaus-Nord kosten. Geplant ist eine direkte Anbindung an den Lobau-Hyperloop, den die SPÖ noch heuer in Begutachtung geben will.

„Flüssigkeit ist wichtig gegen die Hitze, die in den nächsten Sommerjahren sicher noch schlimmer wird", warnt Sima. Direkt an der Mauer der Betonglocke soll deshalb eine 360-Grad-Konsummeile entstehen, wo man sich mit kühlen Cocktails um zwölf Euro im Plastikbecher erfrischen kann. „Die Gastrostände sind hochmodern, die Geschirrspüler werden direkt mit Donauwasser gespeist, wir müssen dafür lediglich aus hygienischen Gründen das gesamte Donauufer, genau, haha, sie haben es erraten – zubetonieren."

Seilschaften
Um den Koalitionspartner zufriedenzustellen, hat Sima natürlich auch ein Angebot an die NEOS. „Der Bau der U5 wird vorerst unterbrochen, dafür werden wir von jedem Bezirk aus insgesamt 23 Seilbahnlinien zur Kuppel bauen."

Sima zittert vor Aufregung, zückt ihr Handy, rechnet sich etwas durch. Sabber läuft ihr den Mund herab. „23 Seilbahnen, das sind insgesamt 1924 Stützpfeiler – aus Beton!" Falls die Glocke nicht für ausreichend Kühlung sorgt, kann sie bei Bedarf noch mit einer monströsen Markthalle überdacht werden. Damit ist Wien wohl besser für die Klimakrise gerüstet als jede andere Stadt der Welt.

POLITIK   16. Juli 2021

Verschärfung: Club-Besuche nur noch für Mückstein erlaubt

Die Delta-Variante breitet sich aus. Vor allem Clubs sorgen immer wieder für Cluster. Gesundheitsminister Wolfgang Mückstein zieht nun die Notbremse – nur noch er darf Diskotheken besuchen. Ein Lokalaugenschein.

WIEN – Der Bass wummert über den Kitchen Floor der Grellen Forelle. Der durchgeschwitzte Gesundheitsminister zappelt in schwarzen Asics-Sneakers mit bowlingkugelgroßen Pupillen vor dem DJ-Pult.

An einem Tischchen zieht er mit seiner Golden e-Card mehrere Lines mit Matcha gestrecktes Gürteltierpulver nach TCM. Er schließt die Augen und verliert sich im Licht des Strobos. Es sind Szenen der Euphorie, der Katharsis, die in den nächsten Monaten wohl nur Mückstein selbst erleben wird. Die Clubs sind seit heute für alle geschlossen – außer für den Gesundheitsminister selbst.

Die neue 1G-Regel – nur ein Gesundheitsminister pro Dancefloor – mag hart erscheinen, doch Mückstein hatte keine andere Wahl: „2G wäre einfach nicht vertretbar, denn da wäre auch noch ein Gernot pro Disco erlaubt, aber wenn du dem beim Tanzen zuschauen musst, da rollt's dir die Schuhsohlen von innen auf."

Zwischenstopp Klokabine
„Du bist die geilste Mücke von hier nach Brügge, yeaaaaaaah", motiviert sich Mückstein vor dem Toilettenspiegel und schlägt sich auf die Wangen. „Shit, die Wirkung lässt nach, ich brauch mehr", murmelt er, zieht eine Dose Schuhwachs aus seiner Hosentasche und verschwindet diskret in einer Klokabine, damit er sich nicht selbst beim Konsumieren erwischt.

„DJ, darf ich mir was wünschen?", schreit Mückstein sein iPhone an, seine Pupillen sind mittlerweile schon basketballgroß. „Irgendwas, was zu Corona passt vielleicht. Hast was von Whitney Husten?" Mitfühlend blickt er auf die Jugendlichen, die von außen durch das Fenster hineinschauen. „Und denen da spiel auch was, von den Stones. I can't get no vaccination."

Afterhour
„Nein, Mann, ich will noch nicht gehen, ich will noch ein bisschen tanzen", sagt Mückstein. Gemeinsam mit einem Dealer verschwindet er in der Parkgarage Spittelau. Breit lächelnd kommt der Gesundheitsminister zurück. In der Hand schüttelt er einen Imprägnierspray von Foot Locker. „Jackpot! Gemma Werk! Danach fahr ich noch ins Sass, damit da auch wer war. Wo ist heut eigentlich Afterhour?"

POLITIK   19. Juli 2021

„Sonne scheint schon wieder":
Kurz erklärt Klimakrise für beendet

Von wegen Jahrhundertflut! Die angekündigte Hochwasserkatastrophe in Österreich verlief glimpflicher als gedacht, bereits jetzt scheint schon wieder in weiten Teilen des Landes die Sonne. Bundeskanzler Sebastian Kurz sieht Licht am Ende des Tunnels: Der Klimawandel ist überwunden.

HALLEIN – „Was für ein herrlicher lauer Sommermorgen, ah, wie die Sonne in der Nase kitzelt!", lacht Kurz beim Lokalaugenschein im Krisengebiet. Um nicht schon wieder angepatzt zu werden, geht der Kanzler diesmal mit Ganzkörper-Gummistiefeln über das Wasser.

„Kopf hoch, nächste Woche kommen 100 000 Sandsäcke aus Russland, die Verhandlungen sind in der Zielgeraden", erklärt Kurz von oben herab. Opfern der Flutkatastrophe empfiehlt er, in Zukunft vorzusorgen: „Wenn der erste Tropfen fällt, sofort eine Dachgeschosswohnung kaufen und sich dort verstecken. Schützt übrigens auch super vor Altersarmut."

Normaler Sommer
Während Deutschland unzählige Tote und zerstörte Städte zu beklagen hat, sieht Kurz die Klimakrise in Österreich als bewältigt an: „Wir sind besser durch das Hochwasser gekommen als alle anderen Staaten in Europa. Das macht mich sehr stolz auf mich selbst. Ich habe euch ja versprochen, im Sommer haben wir wieder ganz normale Normalität – 39 Grad im Schatten, mediterrane Dürre und erfrischender Hagel, perfekt für Mojito oder Aperol Spritz."

Wie auf Befehl schiebt sich noch eine Wolke zur Seite, die Sonne lässt das glatte Gesicht des Kanzlers komplett erstrahlen. Über seinem Kopf bildet sich ein Heiligenschein aus Gelsen.

Privatsache
Kurz schwimmt weiter und kommt zufällig am Rathaus der SPÖ-regierten Stadt vorbei. „Es macht mich traurig, dass überall dort, wo die Sozialdemokratie und die Klimaschutz-NGOs wüten, nichts als Trümmer hinterlassen werden."

Ein überschwemmter Keller wird von der Freiwilligen Feuerwehr ausgepumpt, der Kanzler packt selbst an und reißt den Männern den Schlauch aus den Händen. „Halt, stopp! Die Klimakrise ist jetzt Privatsache."

Die Feuerwehrleute schauen sich verwundert an, arbeiten dann weiter. „Oh nein", schreit der ebenfalls angereiste Finanzminister Gernot Blümel. Ihm sind unglücklicherweise drei Kisten voller E-Mails und Festplatten in die Fluten gefallen. „Das kann wirklich jedem passieren", muntert ihn Kurz auf.

Der Kanzler schwimmt durch den Kothbach. Blümel winkt ihm vom Ufer zu, während ihm unglücklicherweise auch noch sein Laptop in die reißende Strömung fällt. „Dank unserem perfekten Krisenmanagement konnte das Hochwasser besiegt werden", erklärt Kurz. Um Normalität zu vermitteln, verzichtet der Kanzler diesmal auf einen Economy-Rückflug, sondern schwimmt zur Stunde in der Donau zurück ins Schweizerhaus, wo er vor laufenden Kameras eine Stelze verspeisen will.

Experten tagen
Bis Ende Juni solle jeder, der sich einen Sandsack gegen die Klimakrise wünscht, auch einen bekommen. Um wirklich sicherzugehen,

ob es überhaupt einen Zusammenhang zwischen Wetter und Klima gibt, tagt derzeit eine Expertenkommission bestehend aus WKO, Austrian Airlines und der Interessensgemeinschaft VZKMD (Verbrennungsmotoren, Zementproduktion, Kurzstreckenflüge, Massentierhaltung und Dynamitfischen).

POLITIK 19. Juli 2021

Im Urlaubsflieger: Vor Rendi-Wagner sitzender Doskozil klappt Rückenlehne zurück

Foto: Tagespresse

Er kann es nicht lassen! Die Provokationen von Hans Peter Doskozil gehen weiter. Der burgenländische Landeshauptmann klappte heute im Urlaubsflieger passiv-aggressiv seine Rückenlehne zurück – hinter ihm saß ausgerechnet Parteichefin Pamela Rendi-Wagner.

SCHWECHAT – Ryanair-Flug FR 104 von Wien über Weißrussland nach Palma de Mallorca. Kaum ist das Anschnallzeichen erloschen, schallt ein lautes Knirschen durch den Flieger. Was anfänglich für ein herabfallendes Triebwerk gehalten wurde, entpuppt sich schnell als der burgenländische Landeshauptmann, der seinen Sitz nach hinten stellt.

„Ich wollte niemals, dass es so weit kommt, aber die Päm hat mir keine andere Wahl gelassen, als denselben Flieger wie sie zu buchen, zwölf Euro Aufpreis für einen Wunschsitzplatz zu zahlen und die Rückenlehne nach hinten zu klappen", betont Doskozil gegenüber der **TAGESPRESSE**. Aufgrund der nicht aufhörenden Kampagnen gegen das Burgenland habe er außerdem das exakt selbe Hotel gebucht, wo er plant, alle Liegen am Pool mit einem SPÖ-Handtuch zu reservieren.

„Kein Handlungsspielraum mehr"
„Ich habe keinen Handlungsspielraum mehr, ich kann nicht vor und nicht zurück. Mein Plan ist, einfach weiterhin an meinem Sessel zu kleben, bis sich die Lage von selbst irgendwie verbessert", sagt Rendi-Wagner gequält lächelnd. „Und die Situation im Flugzeug ist jetzt auch nicht gerade angenehm."

Rendi-Wagner stellt den Störenfried zur Rede. „Lieber Hans Peter, ich darf dich daran erinnern, dass wir eine vorwärts gerichtete Partei sind." Doskozil reagiert nicht. Er zückt seelenruhig seine Billig-Kopfhörer und hört ohrenbetäubend laut nordkoreanische Arbeiterlieder.

Rendi-Wagner setzt sich ihre AirPods Pro ein und dreht das Öl Pasticcio auf voller Lautstärke auf, während sie sich mit einem Berater darüber unterhält, welche Botschaft sie an die Wähler senden würde, wenn sie das Fenster abdunkeln würde. Sie entscheidet sich aus taktischen Gründen dagegen und starrt weiterhin in die pralle Sonne.

Innerhalb der SPÖ brodelt es nun. „Wir sind alle enttäuscht, dass eine unbeliebte Parteichefin ohne jede Hausmacht nun ganz offen attackiert wird, anstatt, so wie sich das in der Sozialdemokratie gehört, unauffällig aus dem Hinterhalt", so ein Funktionär.

POLITIK   20. Juli 2021

U-Ausschuss zu Ende: Kurz lässt angeleinten Hanger vor Supermarkt zurück

Foto: Tagespresse

Lange Zeit hatte ihm der treu ergebene Schoßhund „Hanger" gute Dienste erwiesen. Doch nun braucht Kanzler Sebastian Kurz seinen aggressiven Verteidiger nicht mehr. Hanger wurde heute vor einem niederösterreichischen Supermarkt ausgesetzt.

WAIDHOFEN AN DER YBBS – „Ja, wer ist ein ganz ein Braver? Ja, wer? Ja, du! Und hast scho Gassi gmacht, jo? Jo?", sagt Kurz und schiebt Hanger ein Frolic in den Mund. „Das Herrl fahrt jetzt leider in den Urlaub zu Tante Heidi am Wörthersee und kann dich nicht ständig mit Posten füttern. Ciao, mach's gut!"

Kurz bindet Hanger vor einem Supermarkt im Ortskern fest, steigt in den Kombi zur türkisen Familie und braust davon. Der pubertierende Bengel Gernot schaut aus dem Fenster und streckt Hanger beim Wegfahren die Zunge raus. Sebastian lässt die Fenster rauf und ermahnt Gernot: „Reiß dich zusammen, sonst bist du der Nächste, der in Pörtschach vorm Rosenberger in der prallen Sonne den Daumen in die Höhe reckt."

Traurige Gewissheit
Hanger macht neben der Eingangstür Sitz, wie er es aus dem ÖVP-Klub gewohnt ist, und schaut dem Kombi hinterher. Stundenlang sitzt er mit traurigen Augen auf seinem Platz. Als jemand in der Trafik gegenüber den *Falter* kauft, fletscht er reflexartig die Zähne. Dann bellt er plötzlich los und verbeißt sich im Wadl eines provokanten Kunden mit Pringles-Dose (Sour Cream) und Wurstsemmerl in der Hand.

Doch irgendwann wird ihm klar: Seine Familie kommt nicht mehr zurück. Hangers Ohren und die Spitzen seiner Igelfrisur hängen traurig runter.

Neue Familie?
Sollte sich für Hanger bis Freitag keine neue Familie finden und der U-Ausschuss nicht verlängert werden, könnte er im Bundesrat durch Marathonsitzungen eingeschläfert werden. „Eine sehr humane Methode", versichert ÖVP-Arzt Gerald Fleischmann und zieht sich seine Gummihandschuhe an. „Es tut gar nicht weh, ein Nicken von Sebastian, und das politische Leben ist vorbei. Wobei ich ja eher die traditionelle Methode bevorzuge ..." Er zeigt lächelnd auf den Dolch, mit dem Mitterlehner beseitigt wurde.

Kein Einzelfall
„Leider kein Einzelfall", heißt es dazu von der Organisation Amnesie International, die sich um Politiker kümmert, die Probleme haben, sich an die österreichische Verfassung zu erinnern.

„Viele Leute legen sich einen Hanger zu, weil sie sich stärker und sicherer fühlen wollen. Aber wenn er noch nicht stubenrein ist und der Demokratie ans Bein pinkelt, verlieren ihre Besitzer schnell das Interesse, setzen ihn aus, löschen die gemeinsamen Fotos und tun so, als hätten sie nie einen Hanger gehabt." Die Organisation rät dazu, sich vor der Anschaffung gut zu überlegen, wie tief man auf der Skala der politischen Würde sinken möchte.

Ersatz
Am Kanzler selbst prallen diese Vorwürfe ab, er ist bereits auf der Suche nach einem Ersatz. „Den nehm ich, den nicht, die da auch, die nicht, ja, nein, ja, ja", lächelt der Kanzler, während er durch den

niederösterreichischen Landtag geht und abwechselnd mit dem Finger auf vor Aufregung winselnde ÖVP-Politiker und -Politikerinnen zeigt.

LEBEN 20. Juli 2021

Impfzuckerl: Geimpfte erhalten Schutz vor tödlicher Krankheit gratis dazu

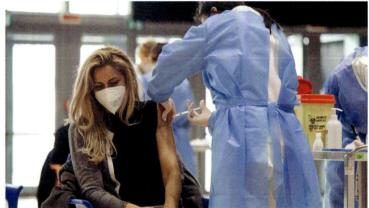

Um die Impfbereitschaft der Bevölkerung zu erhöhen, will die Regierung bisherige Impfmuffel mit einem ganz besonderen Zuckerl ködern: Wer sich impfen lässt, bekommt nun ab sofort in jeder Dosis auch einen funktionierenden Immunschutz gegen eine potentiell tödliche Krankheit. Kann bei diesem Anreiz noch jemand widerstehen?

WIEN – „Frische Dosen, eisgekühlt, nimm 2, zahl 0! Biontech, Moderna, nix Astra!", schreit Gesundheitsminister Wolfgang Mückstein und spaziert mit einem großen Eiswagen über den Naschmarkt. „Nur jetzt: *Nicht auf der Intensivstation elendig ersticken* – gratis dazu! Magst in der Lunge keine Lücke – dann komm schnell her zu deinem Mücke!"

Seit dieser Woche enthalten die Impfdosen zusätzlich zu den mRNA-5G-Modems, MS-Windows-95-Microchips und der Babyblut-DNA ebenfalls noch einen Schutz, der vor einer schweren Lungenkrankheit schützt.

Kaum Interesse
Doch das Interesse der Bevölkerung hält sich aufgrund des sommerlichen Wetters in Grenzen: „Ich bin eh schon in der Schlange vorm Impfzentrum gestanden", erklärt Patrick Hubmeier. „Aber gerade als der Doktor meinen Ärmel hochgekrempelt hat, hat sich eine Wolke zur Seite geschoben, die Sonne hat die gatschbraune Donau so schön beleuchtet, was sollte ich anderes tun, als baden?"

Seine Frau Marina nickt und ruft uns zu, während sie mit einem Schwanentretboot vorüberfährt: „Impfung? Sorry, ich hab jetzt grad wirklich keine drei Minuten Zeit für so was, ich lieg dann lieber im Herbst drei Monate im künstlichen Tiefschlaf, als mir jetzt den Aperol Spritz nehmen zu lassen. Ich mein, haben Sie das gehört? Nach der Impfung darf man einen Tag nix trinken! Einen Tag!!! Quo vadis, Menschenrechte?"

Immerhin bei den Kindern weckt Mücksteins Eiswagen mehr Interesse. „Mami! Mami! Ich mag auch so was haben!", ruft ein kleines Mädchen und zeigt aufgeregt auf eine Dosis. „Na logo, glaubst nur, weil du daheim einen Doktorkoffer hast, kannst du da die gesundheitlichen Langzeitfolgen abschätzen?", erwidert die Mutter und reißt sich noch ein Packerl Marlboro auf. „Und jetzt iss den McFlurry zam, bevor er schmilzt. Sonst gibt's nachher am Abend keinen Big Mac!"

Trick
Nachdenklich starrt Mückstein in die Ferne, dann auf seine Schuhe: „Hm ... das Nike-Logo schaut aus wie ein Hakerl – aber von oben wie ein auf den Kopf gestelltes Hakerl. Das ist es! Umgekehrte Psychologie!"

Er stellt sich auf eine Sitzbank, schreit in die Menge: „Ich als euer grüner Gesundheitsminister aus dem links-grünen Wien befehle allen Impfgegnern, gehts keinesfalls impfen! Die Regierung rät von der Impfung ab!" Im Beisl nebenan schielt eine Pensionistin über ihrer Ganzen Woche hervor und schiebt sich die Ärmel hoch, während sie mit dem Rollator auf ihn zufährt: „Ich lass mir sicher nix vorschreiben, Sie arroganter Gott in Weiß, her damit!"

Impfboot
Schauplatzwechsel. Bürgermeister Michael Ludwig rudert auf seinem Impfboot durch die Alte Donau, doch der große Ansturm bleibt aus. „Wir arbeiten bereits an einer Lösung, mit der wir mehr Aufmerksamkeit erzielen können. Die Verhandlungen sind in der Zielgeraden, die Impf-Ever-Given kann hoffentlich schon nächste Woche am Donaukanal anlegen. Außerdem wird es Impf-Fiaker, Impf-Jet-Skis und einen Impf-Freifallturm im Prater geben."

Verhandlungen mit einem dubiosen Klosterneuburger Sporttaschenspediteur über eine abgebrannte Impf-Yacht liefen dagegen ins Leere.

POLITIK   22. Juli 2021

Um Impfrate zu erhöhen: Regierung holt internationale Experten

Foto: Jialiang Gao/Wikipedia

Die Infektionskurve steigt aufgrund der Delta-Variante täglich an, doch immer noch sind zu wenige Menschen geimpft. Um endlich die Herdenimmunität zu erreichen, greift die Regierung nun auf Impf-Experten aus dem Ausland zurück.

WIEN – „Ein zehnköpfiges Expertenteam aus Borneo ist soeben in Schwechat gelandet", informiert Gesundheitsminister Wolfgang Mückstein, während er einer Stewardess hilft, zwei Meter lange Blasrohre aus dem Handgepäckfach zu bekommen. Die sogenannte Vaccination Enforcement Unit der WHO will Impfmuffel durch Nutzung des Überraschungsmomentes aus dem Hinterhalt erreichen.

Angriff
Schauplatzwechsel, Hartberg. „Aua, heast de Wespen san heuer wieder Gfraster", ruft Mittvierziger Gerald und reißt sich hektisch sein „Impfen tötet"-T-Shirt vom Leib. Seine Frau zieht geistesgegenwärtig einen kleinen blauen Pfeil mit der Aufschrift „Pfizer" aus seinem Bierbusen. Sekunden später wird auch sie getroffen. Ein Pfeil steckt unter der Servus TV-Radlerhose mitten im „Ungeimpft"-Judenstern-Tattoo auf ihrem Oberschenkel.

Ein paar Meter weiter, versteckt auf dem Balkon des Rathauses, treffen wir auf Ngau, Chief Headhunter der International Vaccination Society, sowie Ureinwohner und Froschzüchter aus Borneo. Freundlich begrüßt er uns in seiner Dienstuniform, einem dreißig Zentimeter langen Penisstab.

„Eure Impfmuffel sind für uns ein Klacks. Vom vielen Mäci sind die total aufgedunsen und langsam. Wenn man ‚Freibier' schreit, kommen sie von allein angelaufen. In unserer Heimat haben wir es mit weitaus intelligenterer Beute zu tun: Makaken, Bartschweine, Nasenaffen", schildert Ngau. Plötzlich hält er den Zeigefinger an den Mund und deutet uns, leise zu sein. Eine ältere Frau liest auf einer Parkbank ein Homöopathie-Buch. Es folgt ein kaum hörbares Pflop und die Impfstatistik poppt um einen weiteren Eintrag nach oben.

Luftunterstützung
Doch dann ein Zwischenfall. Auf dem Hauptplatz rotten sich mehrere Jugendliche mit Bierdosen um einen Bluetooth-Lautsprecher

zusammen. Ngau greift zu seinem Funkgerät: „Hornisse Drei an Mücke Eins, wir haben einen potentiellen Cluster entdeckt. Bitte um Luftunterstützung. Massenimmunisierung vorbereiten, over!"

Nur wenige Minuten später taucht ein von Wolfgang Mückstein geflogener Helikopter am Horizont auf. Der Walkürenritt von Richard Wagner ertönt aus Lautsprechern. Eine Salve Pfeile prasselt aus einer Impfnadel-Minigun auf die Menge nieder. Ein junger Mann schaut verdutzt nach oben. Ein Pfeil bleibt in seinem Augapfel stecken. Mückstein lehnt sich lachend aus dem Cockpit: „Aaaaah, ich liebe den Geruch von Pfizer am Morgen!"

SPORT   2. August 2021

Fünfzig Kilometer Sudern, Anfechten: In diesen Olympia-Disziplinen hat Österreich Medaillenchancen

Die Olympischen Spiele in Tokio sind in vollem Gange.
Ganz Österreich hofft auf einen rot-weiß-roten Medaillenregen.
In welchen Disziplinen haben wir noch realistische Chancen?
DiE**TAGESPRESSE** verrät es Ihnen.

Schmutzkübel-Weitwurf

Opferrolle (Einzel und Mannschaft)

Beislschlägerei in der Gewichtsklasse bis zu 280 Kilo und fünf Promille

Fünfkampf-Ringen um Einfluss im ORF

Zehn Kilometer Verdrängen

Mannschafts-Prolo (Mit der Poltergruppe im Ralph-Lauren-Polo in der Bettelalm abstürzen)

Vier Sekunden Smalltalk im Altersheim

42 Kilometer Laptop-Spazierengehen

ZIB-2-Freistilschwimmen (Gold-Hoffnung: Bernhard Tilg)

Hundert Meter Abtauchen (Gold-Hoffnungen: Jan Marsalek, Pamela Rendi-Wagner)

Diskurswerfen (Gold-Hoffnung: Andreas Hanger)

Zehn Kilometer Kreisverkehr (Gold-Hoffnung: Johanna Mikl-Leitner)

Anfechten (Gold-Hoffnung: Dieter Böhmdorfer)

Nudelboxen bis zum K.O.

Bürokratischer Hürdenlauf durch das Verkehrsamt

Sechzig-Sekundenschlaf auf der Loiblpass-Straße

Hundert m Erben (m = Millionen, Hinweis: nur arisiertes Vermögen zulässig; Goldhoffnung: Heidi Horten)

Zurückrudern (Gold-Hoffnung: Sigrid Maurer)

Hundert-Meter-Fahrt zum Spar mit dem Q7

Fliesentischtennis (Gold-Hoffnung: Ferdi Kalupa aus Simmering)

Mediales Dressurreiten auf abgerichtetem Koalitionspartner (Gold-Hoffnung: August Wöginger)

Fünfzig Kilometer Sudern

Moderner Fünfkampf (Bank Austria Onlinebanking, SVS, Finanzamt, GIS, Uni Wien inskribieren)

Austro-Triathlon: Scheidung, Alkoholismus, Leberzirrhose

Freestyle-Grapschen (Gold-Hoffnung: Wolfgang Fellner)

Synchron-Weitwinken (Oder wie linke Medien behaupten: *Hitlergruß*)

Gesichtheben bei Dr. Worseg (Medaillen-Hoffnung: Richard Lugner)

Herzrhythmische Sportgymnastik nach zehn Wodka-Bull und drei Visitenkarten

Koglerstoßen (Gold-Hoffnung: Sebastian Kurz)

LEBEN — 6. August 2021

Jö-Bonusclub lenkt ein: Kunden können ihre Daten jederzeit in Mordor zerstören

Foto: Warner Bros. (M)

Nach der Strafe gegen den Jö-Bonusclub wegen Verstößen gegen das Datenschutzrecht lenkt der Konzern ein. Kunden können ihre Daten jederzeit löschen. Dafür ist lediglich ein Besuch am Schicksalsberg Plus in Mordor notwendig, wo ein USB-Stick mit den Daten in den ewigen Flammen zerstört werden kann.

MORDOR – „Es steht natürlich allen Kundinnen und Kunden frei, jederzeit ihre Daten zu löschen", erklärt das alles sehende REWE-Auge im Interview mit der **TAGESPRESSE**. „Ein USB-Stick ist dazu nur durch die Unweiten Mordors vorbei an den REWE-Orks bis hinauf auf den Schicksalsberg Plus zu bringen, um die Daten in den ewigen Flammen zu vernichten, super easy, null Problemo."

Schwierige Reise
Nach wochenlanger, beschwerlicher Reise gelang es als erster Kundin Petra Painsipp aus der senioren- und totenfreundlichen, ausländerfeindlichen Kleinstadt Linz, die aber trotzdem wie eine Großstadt stinkt, sich auf den Gipfel des zerklüfteten Schicksalsbergs

vorzukämpfen. Doch als sie in 1300 Metern Höhe in die züngelnden Flammen starrt, verändert sich ihr Blick. Ihre Entschlossenheit weicht plötzlich.

„**Mein Schaaatz!**"
„Meine Rabatte ... warum sollte ich sie aufgeben? Minus zehn Prozent auf Jamie-Oliver-Pfannen ... minus 25 Prozent auf Servietten diesen Samstag ... mein Schaaatz!" Mit einem fanatischen Flackern in den Augen umklammert sie den USB-Stick. Ihr Gesicht verformt sich zu einer diabolisch lachenden Fratze. Sie dreht sich um und schreit „Siri, wo is der nächste Billa Plus" in ihr Handy. Während die Flammen unruhig in der Dunkelheit wabern, surrt leise eine Bonusclub-Drohne über dem Schicksalsberg.

„**Sie zu knechten ...**"
REWE-Chef Gollum, der die Szene vor seinem Laptop masturbierend verfolgt, lächelt zufrieden. REWE erschuf den Jö-Bonusclub vor vielen Jahren in den Flammen des Schicksalsbergs Plus, um sich seine Marktmacht nachhaltig zu sichern und die Konsumentinnen und Konsumenten nach seinem Willen zu steuern, getreu dem REWE-Slogan *Daten, sie zu knechten, sie alle zu finden, ins Dunkel zu treiben und ewig zu binden* (Slogan: Demner, Merlicek & Bergmann, Cannes Gold Lion 2019).

Schon mehrmals versuchten Menschen vergeblich, ihre Jö-Daten in Mordor zu löschen, so etwa vor einigen Jahren ein Hobbit namens Frodo. Doch er scheiterte kläglich, als er im Billa Praterstern ein Coke Zero kaufen wollte und vor der einzigen geöffneten Kasse nach vier Stunden Wartezeit eine Psychose erlitt. Er wurde vom REWE-Folterknecht Hofstädter einer Gehirnwäsche unterzogen und arbeitet heute als debiles, diebisches, psychopathisches Werbetestimonial *Schärdinand*. Sein Bruder Herbert verkraftete diesen Schicksalsschlag nie, er radikalisierte sich und ist heute FPÖ-Chef.

WELT   11. August 2021

„Einer Demokratie nicht würdig": Nordkoreanisches TV kritisiert ORF-Wahl

Foto: Tagespresse

Das sind harte Worte! „Undemokratisch" nennen die Redakteure des nordkoreanischen Zentralfernsehens die gestrige ORF-Wahl. Sie machen sich Sorgen um die Unabhängigkeit des größten Medienunternehmens in Österreich.

PJÖNGJANG – Die Nachrichtensprecherin ist den Tränen nahe. „Der teuflische Imperialist Gerald Fleischmann hat am Küniglberg ein korruptes Marionettenregime installiert, um die Herzen und Seelen des österreichischen Volkes türkis zu waschen. Wir fordern eine sofortige Rückkehr des völlig unabhängigen Genossen Alexander Wrabetz", liest die Moderatorin in die Kamera.

Das Regime kündigte zeitgleich den Test neuer Langstreckenraketen an, die in der Lage sind, das kommende „Ö3 Frühstück, Brunch, Mittagessen, Abendessen, Punsch und Maroni bei mir" mit Bundeskanzler Sebastian Kurz zu stören.

Vorbildlich
Im nordkoreanischen Staatsfernsehen läuft die Wahl des neuen Generaldirektors transparenter ab: Alle Kandidaten können ihr Konzept vor einem Stiftungsrat präsentieren und werden danach mit einer Flak hingerichtet, ehe ein Mitglied der Kim-Familie den Posten übernimmt.

In Österreich dagegen schafft man für die unterlegenen Kandidaten einen Versorgungsposten als letzte Ruhestätte, wo sie langsam und schmerzvoll verenden, während ein Mitglied der Kurz-Familie den Posten übernimmt.

„Bedingungslose Unterwerfung"
Auch vor den Grünen warnen die Journalisten aus Nordkorea. „Diese bedingungslose Unterwerfung, dieses Speichellecken für zwei Direktorenposten, das ist einfach nur unwürdig", sagt der Chefredakteur A Min Wo-lf, bevor er in minutenlangen Applaus und Tränen ausbricht, weil Kim Jong-un in seinem Dienstwagen auf dem Weg zu einer Onkel-Hinrichtung am Café Faymann vorbeirollt.

Die Befürchtung der Nordkoreaner: Schon bald könnte in Österreich jeder jemanden kennen, der von Gerald Fleischmann aus dem Amt gehievt wurde.

Große Pläne
Das türkise Regime plant einige radikale Neuerungen. Die GIS darf bald nicht mehr nur Gebühren eintreiben, sondern auch Spenden. „49 000 Euro im Quartal, sonst kommen Sie ins Heim", warnt ein 26-jähriger, gegelter Jus-Student und zieht sich eine schusssichere GIS-Weste an. „Und nicht in das Gute mit den arisierten Wohnungen. Die neue Stadtkomödie *Ey Mann, wo is mein Laptop?* finanziert sich schließlich nicht von selbst."

WELT   13. August 2021

Statt Abschiebeflügen: Regierung verlängert 1-2-3-Ticket bis Afghanistan

Foto: Depositphotos (M)

Weil Abschiebeflüge nach Afghanistan aufgrund eines kleinen, harmlosen Bürgerkriegs leider vorübergehend nicht möglich sind, hat die Regierung Ersatz gefunden: Das 1-2-3-Ticket gilt jetzt bis Afghanistan. Damit ermöglicht man Asylwerbern eine rasche Rückführung.

KABUL/WIEN/ROVINJ – „Afghanistan, du wilde Schönheit, du funkelnder Rohdiamant", macht Bundeskanzler Sebastian Kurz Lust auf das ferne Steppen-Idyll, während er in Kroatien an seinem Pistazieneis schleckt.

„Wenn meine liebe Susanne nicht schwanger geworden wäre, dann wären wir jetzt nicht in Rovinj auf Urlaub, sondern würden im traumhaften Kandahar mit den Einheimischen Tee trinken, den Basar entdecken oder den afghanischen Rundfunk umfärben."

Keine Gefahr
Dass radikale Islamisten dort gerade das Land überrennen, solle Reisende nicht abschrecken, rät Kurz: „Ja, ich weiß, selbsternannte Experten reden von einem religiösen Gottesstaat, aber ich glaube,

von niederösterreichischen Zuständen sind wir noch Lichtjahre entfernt. Niemand in Afghanistan muss zur Raika wechseln oder die NÖN abonnieren."

Abschiebung
Schauplatz Hauptbahnhof. Pressetermin mit ÖVP-Innenminister Karl Nehammer. Dreißig Polizeihunde bellen auf einen Hello-Kitty-Rucksack ein. „Das 1-2-3-Ticket gilt für sämtliche Regionen auf dieser Welt, also Wien, Burgenland, und dann kommt eh schon das Auslandsland, oder?", erklärt Nehammer, während er ein achtjähriges Flüchtlingskind mit den Zähnen in den REX nach Bruck an der Leitha über Kabul zerrt.

Grüne zufrieden
Die Grünen zeigen sich zufrieden und sehen sich als Gewinner. „Wir haben hier hart verhandelt, unsere Siegesserie reißt nicht ab", zeigt sich Vizekanzler Werner Kogler bei einer Pressekonferenz im McDonald's am Schwedenplatz stolz.

„Die ÖVP darf in ein Land abschieben, wo den Leuten sofort der Tod droht, dafür bekommen wir 2064 einen neuen, hundert Meter langen Radweg vor dem Schotterteich in Scheibbs." Koglers Handy klingelt. Es ist der Kanzler. Kogler drückt ihn weg, aber das Handy läutet sofort wieder.

Der Vizekanzler ertränkt sein iPhone in einem großen Cola und betäubt sich mit einem Big Mac. „Also falls das dann zu dem Zeitpunkt möglich sein wird, da will ich jetzt nicht den Koalitionspartner unnötig unter Druck setzen. Auch ein zehn Meter langer Radweg kann etwas sehr Schönes sein." Das Handy vibriert im Cola-Becher weiter. „Okay. Eine Schnellstraße tut's auch, da können ja auch Räder drauf fahren."

WELT   16. August 2021

Taliban planen Erbschaftssteuer: ÖVP stoppt Abschiebungen nach Kabul

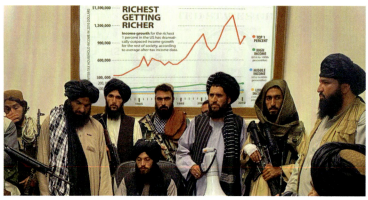

Foto: Tagespresse

Wochenlang hielt die ÖVP an Abschiebungen nach Afghanistan fest, trotz des Vorrückens der Taliban. Doch jetzt haben die Gotteskrieger den Bogen überspannt. Bundeskanzler Sebastian Kurz verkündete heute den sofortigen Stopp aller Abschiebungen nach Kabul, denn es gebe Hinweise auf eine geplante Einführung der Erbschaftssteuer im Land am Hindukusch.

WIEN – Zwölf Uhr mittags. Der Krisenstab der ÖVP verfolgt die Lage in Kabul per Servus-TV-Teletext, da niemand mehr ein Handy hat. „Um Gottes willen, das darf nicht wahr sein", stammelt Außenminister Schallenberg und schüttelt kreidebleich den Kopf. „Soeben musste ein Unternehmer aus Kabul sieben Euro von dem Vermögen, das er geerbt hat, an die Taliban abgeben. Was für Barbaren!"

Ein betroffenes Stöhnen geht durch den Raum. „Leistung muss sich wieder lohnen!", ruft Kanzler Sebastian Kurz und schlägt auf den Tisch. „Können wir denen nicht irgendwie helfen? Care-Pakete mit lustigen Ninja-Pässen schicken? Oder Gutscheinkarten fürs Novomatic Online-Casino? Verdammt, man fühlt sich so machtlos."

Innenminister Karl Nehammer ist verzweifelt, er kämpft mit seinem Gewissen: „Als ich gestern noch die Kinder in den Flieger nach Kabul gepfercht habe, konnte ich doch nicht wissen, dass ich sie in den sicheren Sozialismus schicke! Ich dachte, sie sterben einfach nur." Als Zeichen der Solidarität schließt Ministerin Elisabeth Köstinger heute sogar die Bundesgärten für alle afghanischen Asylwerber.

Wirtschaft besorgt
WKO-Chef Harald Mahrer öffnet eine Flasche Remy-Martin-Cognac und schenkt sich ein randvolles Glas ein. Bis heute Vormittag urlaubte er noch gleichzeitig in Saint-Tropez, Dubai und Mykonos. Er ext den Cognac. „Wir haben Hinweise, dass man bald sogar ein Parkpickerl braucht, um zu einer öffentlichen Enthauptung zu fahren", seufzt Mahrer, der vom 667. Stockwerk des WKO-Gebäudes bis nach Kabul blicken kann. „Das ist der sichere Tod für alle afghanischen Unternehmer!"

Deprimiert betrachtet er eine Box mit Flyern, die von der Wiener ÖVP heute über Kabul abgeworfen werden sollten, mit der Warnung: „Eine öffentliche Enthauptung besuchen? Ohne Parkpickerl bald nicht mehr möglich." Mahrer seufzt, denn er weiß: Sie kommen zu spät.

Grüne zufrieden
Die Regierung zeigt eiserne Geschlossenheit. In einer OTS-Aussendung der Grünen heißt es, der Koalitionspartner begrüße diesen Schritt, „was auch immer dieser Schritt ist, wir stehen hinter, vor, neben und vor allem unter der ÖVP, die Koalition ist nicht gefährdet aufgrund der aktuellen Diskussion über Flüchtlinge/Steuern/ORF/Lobautunnel/Werner Koglers Spesenrechnung von der Susi Bar/den McDonald's Karlsplatz (Anmerkung an Praktikantin: bitte Unzutreffendes streichen thx, PS: Bitte noch an Fleischmann weiterleiten zum Gegenlesen)."

Praktische Tipps
Die FPÖ besteht hingegen auf einer Fortsetzung der Abschiebungen. Denn laut neuesten Untersuchungen reiche gegen die Taliban ein gesundes Immunsystem vollkommen aus, erklärt FPÖ-Chef Herbert Kickl, der sich gerade auf Sommerfrische im KZ-Stollen Ebensee befindet: „Vitaminpräparate und Bitterstoffe bieten einen ausgezeichneten Schutz."

LEBEN 17. August 2021

Nach Ausflug in die Virologie: Acht Millionen Österreicher jetzt wieder Nahostexperten

Foto: Depositphotos (M)

Endlich wieder Rückkehr zur Normalität. Da das Coronavirus jetzt von islamistischen Terrororganisationen aus den Nachrichten verdrängt wird, benötigt die Welt wieder mehr Nahostexperten. Acht Millionen Österreicher und Österreicherinnen schulen sich bereits per YouTube und *Standard*-Forum um.

ÖSTERREICH – „Ich habe den Wikipedia-Artikel über die Taliban über dreizehn Sekunden lang studiert und kenne sie wie kaum ein anderer", erklärt etwa der Wiener Patrick Beißhammer (42). „Wussten Sie, dass die Taliban in einem Labor in Wuhan in Amerika gezüchtet wurden? Dieser Faktor wird in der aktuellen Lage leider oft von den sogenannten Experten verschwiegen, weil es politisch inkorrekt ist. Danke, Merkel!"

Seine Frau Manuela nickt und nimmt einen Esslöffel Bitterstoffe. „Für die Muttermilch." Auch sie ist Nahostexperten und stolze Absolventin der Michael-Jeannée-Universität Grinzing. „Ich kenn so einen Islamerer persönlich. Leider. Unter dem Kickl hätt's das alles nicht gegeben. Wofür zahl ich bitte die GIS und meine Strafzettel?"

Der Berichterstattung in den Systemmedien stehen sie kritisch gegenüber. „Haben Sie das angebliche Foto vom überfüllten Flugzeug in Kabul gesehen? Das war in Wahrheit heute früh der Ryanair-Flug von Wien nach Mallorca, steht auf Telegram."

Fachexpertise gefragt

Seriöse Medien setzen bei ihrer Berichterstattung allerdings weiterhin nur auf anerkannte Experten mit einschlägigem Studium. „Dreimal dürfen Sie raten, warum die TAL-IBAN so heißen? Ich sag nur TAL Silberstein. Und IBAN, der Schreckliche. Die Gruppe wird finanziert von der SPÖ und der zionistischen EZB, danke Vassila-KUH und EUdSSR", erklärt Dr. Felix Baumgartner auf Servus TV und nimmt nachdenklich seine Lesebrille ab.

Krise im Krisenstab

Doch im medizinischen Bereich fehlen die Experten nun. Im Impfgremium der Bundesregierung herrscht Alarmstimmung. Panisch aktualisiert Chief Medical Officer Katharina Reich die Startseite von *derstandard.at*, doch das Forum bleibt leer. „Wir haben keine Ahnung, was zu tun ist. Alles öffnen? Alles schließen?" Sie wirft eine Münze, diese landet jedoch genau auf der Seite und bleibt aufrecht stehen. „Na gut, die Münze hat gesprochen. Wir öffnen die Nachtgastro, aber schränken die Möglichkeit für Gratis-Tests ein!"

POLITIK   20. August 2021

Wilde, sehr sichere Schönheit: Mit Reiseblogger Karl Nehammer durch Afghanistan

Erst diese Woche verkündete der beliebte Wiener Reiseblogger Karl Nehammer: „Es gibt keinen Grund für Afghanen, derzeit nach Österreich zu kommen!" Vielmehr sollten Afghanen einfach Urlaub zu Hause machen. Und tatsächlich: Das Land gilt nicht zu Unrecht als „Toskana des Mittleren Ostens". Ein Erlebnisbericht von Karl Nehammer (Instagram: @karlifornia)

AFGHANISTAN – Liebe Polizisten und liebe Polizisten, liebe Leser und liebe Leser, ich steige gerade am Flughafen Kabul aus einer Hercules-Maschine, mein Abenteuer beginnt. Ihr begleitet mich die nächsten Tage auf meiner Reise durch den Mittleren und sehr sicheren Osten. „Let's go", wie der USA-Amerikaner sagt!

Erster Eindruck: Wow, was für eine Landschaft – Afghanistan, das Burgenland vom Islam! Auf einer Fläche von sicher über 600 000 absolut sicheren Quadratkilometern bietet das für seine Stabilität bekannte Land an der Schwelle zum fernen, aber sicheren Orient ein abwechslungsreiches und sicherlich sicheres Tourismusprogramm zwischen absolut sicheren Gras- und Seenlandschaften im Westen und absolut sicheren Gebirgshängen im Osten.

Anreise
Flughafenmäßig kann Afghanistan locker mit der Schönheit und Eleganz von Wien-Schwechat mithalten. Einziger Wermutstropfen: Alle stehen um die Flugzeuge herum. Gibt's da was gratis? 😶 Ich kann kaum aussteigen. Schade!

Dennoch: Ich fühle mich sehr sicher, denn alle um mich herum tragen ein Sturmgewehr, um die alternativen Menschenrechte zu verteidigen. Da kommt bestimmt keiner auf dumme Ideen.

Erste Station
Kabul, die Stadt, die niemals schläft. Es ist vier Uhr nachts, aber die lassen es hier immer noch knallen. 😅 Die Stadt dürfte in diesem Jahr von einheimischen Touristen regelrecht umkämpft sein. Aber kein Wunder bei dieser Vielfalt an kulturellen, kulinarischen und militärischen Vielfalten.

Nach der kurzen Schrecksekunde fühle ich mich wieder sicher und nicht wie in einem lebensgefährlichen Krisenherd, Stichwort Karlsplatz! Was mir gleich sehr positiv auffällt: Es gibt hier keine Journalisten mit lästigen Kameras, weil alles so sicher ist und es nichts zu berichten gibt. Ein Zustand, von dem man als Polizist nur träumen kann!

Unterkunft
Schon nach kurzer Zeit und äußerst wenig bestochenen Gotteskriegern befinde ich mich in meiner Unterkunft. Ein stylisches Airbnb-Erdloch. Die nette Rezeptionistin führt mich in mein Quartier. Ihren Namen, sagt sie, brauche ich mir nicht merken, sie sei morgen auf Urlaub und übermorgen tot. Haha, typisch afghanischer Humor!

Bonus! Die Unterkunft findest du entweder im Link unten, oder wenn du am Hauptplatz von Kabul die Raiffeisengasse entlanggehst, dann bei der Guillotine links abbiegst und der Blutspur für 200 Meter folgst. Gib einfach den Promo-Code „Flex" am Ende des Check-outs an und spar dir bis zu zehn Euro pro Übernachtung! Yeah 😉

Freundliche Menschen
Wieso reisen die Einheimischen überhaupt nach Europa, wenn sie es hier doch so schön haben? Mein Weg führt mich vorbei am

Parlament, wo es weder Sozialdemokraten noch Grüne gibt. Da soll noch mal jemand sagen, es gäbe keine Paradiese mehr auf Erden. 😊

Gestärkt vom guten Essen (Reis) machen wir uns gleich auf den Weg in die Stadt, um uns direkt in das kulturelle Nachtleben zu stürzen! Bin von einem freundlichen Herrn mit George Clooney verwechselt worden. „Kennen wir uns?", murmelte er mir freundlich zu. Er sei einmal in der Nähe von Wien gewesen, Bratislava, Munition kaufen. Ich schüttele den Kopf, nein, das wüsste ich doch, ich habe keine Ahnung von dir. Er hat mich zur nächsten Steinigung eingeladen, das ist eine Art Volksfest hier. Toll, wenn Traditionen und Bräuche noch großgeschrieben werden!

Musik und Kultur
Wer kennt das nicht von daheim? Reizüberflutung! Man ist genervt vom permanenten Radio-Gedudel im Auto, in der Arbeit und sogar im Supermarkt. Nicht hier! In den Cafés und Clubs Afghanistans bleibt einem die nervige Radio-Arabella-Musik erspart. Doch nicht nur die moderne westliche Musik bleibt einem hier erspart, nein, auch von der wunderbaren, von indischen und pakistanischen Einflüssen geprägte, traditionell afghanische Musik bleibt einem hier nun erspart. John Cage hätte seine Freude an dieser kontemplativen Stille! In einem leeren, totenstillen Club fühle sogar ich mich wohl.

Haben Sie FOMO, weil Sie den neuen Marvel-Film noch immer nicht gesehen haben? Dann ab nach Kabul, kein Problem, hier hat ihn auch niemand gesehen!

Kulturell ist Afghanistan ein Highlight. Zu den sonstigen besonderen Sehenswürdigkeiten gehören:
die berühmten Buddha-Statuen von Bamiyan*,
die historische Kunstsammlung im Afghanischen Nationalmuseum*,
die Bibliothek von Puli Khumri*
sowie die vielen Theater, Konzertsäle und Opern im ganzen Land*.

Für Sportfans: Verfolgen Sie doch ein Match des international bekannten afghanischen Frauenfußballteams*.

*derzeit leider gesprengt

Reisen als Frau
Ja, ein guter Bart ist schon der halbe Rat, sagt man, doch auch als Frau reist es sich in Afghanistan momentan besonders sicher, da die neuen konservativen Machthaber der Mitte alles daransetzen, die Keuschheit und Würde der Frau für jetzt und alle Zeit unantastbar zu machen.

Bei der Begrüßung im Hotel wird einem sogleich ein traditioneller Umhang überreicht, der verhindert, dass man mit seinem Gesicht aus Versehen jeden nicht verwandten Mann auf der Straße verführt. Und wenn ein Inspektor Charlie aus Klosterneuburg durch die Gasse schweift, kann man es den Frauen nicht übel nehmen, wenn sie schwach werden. 😉

Die fürsorglichen Tourleiter nehmen Frauen nicht nur das Handy weg wie die WKStA, sondern verbieten dir generell zu lesen und zu arbeiten. Entspannung pur, einfach der Ne-Hammer! Digital Detox Deluxe! Den ganzen Urlaub lang das Anwesen nicht verlassen, am Pool in einer schattigen Ganzkörperbedeckung chillexen und in Anwesenheit eines männlichen Vormundes so richtig ausspannen.

Fazit
Ich vergebe insgesamt 4,5 von 5 Sternen. Besonders begeistert hat mich die Gastfreundlichkeit. Unsere Idee einer Islamlandkarte für Afghanistan wurde von der örtlichen Regierung begeistert aufgenommen. Ich habe mich mit den Menschen Tag und Nacht über den Propheten unterhalten. Mir war gar nicht bewusst, wie beliebt unser Sebastian auch hier ist. Vor meiner Abreise haben meine neuen Freunde ständig von einem Karlifat gesprochen, das sie errichten wollen – nur für mich! Da hab ich vor lauter Staunen den Mund nicht mehr aufbekommen.

Einen halben Stern muss ich leider abziehen, da man zweimal auf mich geschossen hat. Zum Glück traf es nur meine kugelsicheren Schneidezähne. Wozu also nach Kärnten, Tirol oder ins italienische Karlorle (kleiner Scherz lol), wenn es auch mal Low-Budget Afghanistan sein kann? Doch aufpassen vor Abzocke bei der Flugbuchung! Der Hinflug kostet nur 229 Euro, der Rückflug dann aber plötzlich das Leben! Ich komme wieder – so viel ist sicher!

LEBEN 25. August 2021

Damit Impfgegner sich wie daheim fühlen: Intensivstationen bekommen Servus TV

Die Intensivstationen füllen sich mit Ungeimpften. Die Spitäler rüsten sich und statten ihre Stationen nun mit GIS-freien Fernsehern mit Servus TV aus. Damit sollen sich Impfgegner ganz wie zu Hause fühlen, während sie ihre leichte Grippe auskurieren.

SALZBURG – „Guten Morgen", hustet Servus TV-Chef Ferdinand Wegscheider ohne Maske in die Intensivstation des Landeskrankenhauses Salzburg. Der renommierte Fernsehmacher lässt es sich nicht nehmen, trotz hohen Fiebers persönlich Servus TV auf Platz eins aller Fernseher im Krankenhaus zu programmieren.

„Schluss mit dem gleichgeschalteten Einheitsbrei", keucht Wegscheider entschlossen und zeigt auf die Dutzenden Herzmonitore in der Station, die alle dasselbe monotone schwarze Bild zeigen. „Genug von dieser piepsenden Angstmacherei!", sagt er, zieht das Kabel und schaltet um auf Servus TV.

Mehrere Ärzte protestieren, doch Wegscheider blockt sie ab. „Wie viel habt ihr von den Pharmariesen der Ostküste bekommen, ihr angeblichen Götter in Weiß? Die Menschen hier haben ein Recht auf ehrliche Desinformation."

Plandemie
„Na, ich hoffe, Sie erholen sich gut von Ihrer leichten Grippe – oder ist es ein milder Schnupfen? –, damit Sie beim nächsten Talk im Hangar wieder einschalten können", lächelt Wegscheider freundlich einer jüngeren, komatösen Frau zu. „Sonst verpassen Sie, wenn der renommierte Schaumschläger Sucharit Bhakdi erklärt, wie die chinesischen Bolschewiken-Juden und die homosexuelle Wiener Radfahrer-Lobby von der Plandemie profitieren."

„Maske tötet"
„Raus mit dem GIS-Schlangengift", lacht Wegscheider, zieht einem Patienten den Infusionsschlauch aus dem Arm und hängt ihm ein Red Bull an. Der Patient reagiert auf die Behandlung sofort, bekommt Flügel und fliegt hinauf in den Himmel. „Und Maskenpflicht ist nur was für Schafe! Määäh! Haben Sie gewusst, dass die Maske tötet, Stichwort CO_2-Rückatmung", schreit er und reißt einer anderen Patientin die Beatmungsmaske vom Gesicht, die daraufhin blau anläuft.

Bei den Patienten kommt Wegscheiders Besuch positiv an, etwa bei Klaus aus Schärding: „Es ist immer noch meine Entscheidung, ob ich mich impfen lassen will, oder ob ich mich und mein ganzes Umfeld mit einer vermeidbaren Atemwegserkrankung mit möglichen Dauerfolgen anstecke."

LEBEN 25. August 2021

Nach allen Achttausendern: Reinhold Messner erreicht als erster Mensch die MA 35

Es ist der Gipfel seiner Karriere! Als erster Mensch überhaupt erreichte Extremsportler Reinhold Messner heute die MA 35. Nach Tagen in den gefährlichen Wirren der Warteschleife gelang es ihm, einen Mitarbeiter der Wiener Einwanderungsbehörde ans Telefon zu bekommen.

WIEN – Drei abgefallene Finger, Schneeblindheit vom nebenbei Solitär-Spielen und Tinnitus vom Gabalier-Song in der Warteschleife: Das ist der Preis, den Reinhold Messner zahlen musste. Erschöpft und glücklich liegt er neben dem Hörer und seinen Fingern am Boden und schaut an die Decke. Tränen strömen die Wangen herab. Er hat wieder Geschichte geschrieben. Als erster Mensch der Welt erreichte er die MA 35.

Todesgefahr
Die Gefahr war auf seiner Expedition in die tödlichen Untiefen der österreichischen Bürokratie ein ständiger Begleiter. „Du weißt, ein falscher Knopfdruck, und du stürzt aus der Warteschleife hinaus,

dorthin, wo du schon vor Tausenden Minuten warst", sagt Messner, während er seine drei steifen Finger einsammelt, um sie in seinem Museum in Südtirol in drei kleinen Mausoleen auszustellen. „Aber das musst du ausblenden. Das Fast-Sterben, das Überlebt-Haben, das Durchkommen – das ist das Stärkste, was wir als Menschen spüren können."

Sauerstoffmangel und Halluzinationen
Während er die Achttausender ohne Flasche bestiegen hat, wäre ein solches Unterfangen bei der MA 35 lebensgefährlich. „Die ist immer dabei", sagt Messner und zeigt auf eine Flasche Veltliner. „Sonst wirst du wahnsinnig bei dem Sauerstoffmangel. Da kriegst du Halluzinationen, weißt nicht mehr, wo oben und unten ist."

Einmal war er schon an dem Punkt angekommen, wo er aufgeben wollte. „Es war elf Uhr Ortszeit, da hab ich mir gedacht: Moment, elf Uhr? Da ist doch niemand mehr im Amt. Ein normaler Beamter beginnt um neun Uhr seinen Dienst, und um zehn Uhr geht er in Frühpension."

Kraftakt
Ohne die Hilfe mehrerer nepalesischer Sherpas, die Messners Telefonhörer hielten, wäre diese Spitzenleistung nicht möglich gewesen. Tragisch: Seinen Bruder musste Messner in der Leitung zurücklassen. „Sonst wären wir beide ..." Seine Stimme gerät ins Stocken. „Ich habe das Mögliche im Unmöglichen gesucht, das klingt besser, schreiben Sie lieber das auf."

Was Messner am anderen Ende der Leitung schließlich gehört haben will, stellt den bisherigen Stand der Wissenschaft infrage: „Ich bin mir sicher: Dieses unfreundliche Grunzen, das aggressive Grollen, dieses steinzeitliche Denken, das muss ein Yeti gewesen sein. Es gibt ihn wirklich!"

Weiteres Ziel
Doch was kann jetzt, wo Messner alles geschafft hat, noch kommen? Der Südtiroler grinst schelmisch. „Ich werde etwas versuchen, was bisher als denkunmöglich galt." Er holt eine dicke Mappe hervor und zeigt uns seinen Magenta-Vertrag. Dann zückt er sein Handy, wählt den Kundendienst und verlässt uns: „Falls ich nicht mehr

zurückkehre, sagt meiner Familie, dass ich sie liebe ..." Alles, was wir noch hören, ist ein Piepsen und das dumpfe, tödliche Echo der Warteschleife.

WELT 26. August 2021

„Dürfen nicht mehr tatenlos zusehen": Schallenberg will jetzt tatenlos wegsehen

Foto: BKA (M)

Lang genug hat Österreich bei den Vorgängen in Afghanistan nur tatenlos zugesehen. Außenminister Alexander Schallenberg fordert jetzt einen radikalen Kurswechsel: Er will künftig nur noch tatenlos wegsehen.

WIEN – Verzweifelte Menschen, die sich an Tragflächen von Flugzeugen festklammern. Ein Vater, der einem US-Soldaten sein Baby übergibt. Hinrichtungen durch die Taliban. Seit Tagen schockieren die Nachrichten aus Afghanistan die ganze Welt.

„Ich kann da nicht mehr tatenlos zusehen. In dieser Situation braucht es schnelle, unbürokratische Hilfe", sagt Schallenberg, steht entschlossen auf und schaltet den Fernseher aus. Statt Nachrichten aus Kabul hört man nur mehr das Zwitschern der Vögel vor dem Fenster. „Ah, schon viel besser. Schnell und unbürokratisch, perfekt."

Wie jeden Tag nimmt Schallenberg auf dem Weg ins Ministerium auch heute einen kleinen Umweg über den Zentralfriedhof. „Ich gehe einfach so gern über Leichen. Ich schätze mich glücklich, in der Politik mein Hobby zum Beruf machen zu dürfen."

Der Minister wird kurz ernst. „Es kann doch nicht sein, dass man einfach in ein fremdes Land geht, um sich dort eine neue Existenz aufzubauen. Was glauben diese Menschen denn, wer sie sind? Alexander Schallenberg?", seufzt der gebürtige Schweizer.

Christlich-sozial

In Zeiten der Not scheuen sich auch andere Teile der ÖVP nicht, im Sinne der christlich-sozialen Lehre zu helfen. Sobotka veranstaltete gestern im Parlament eine Gebetsstunde für alle, die unter den Nachrichten aus Afghanistan leiden. „Herr, wir bitten dich, erlöse uns von den Bildern aus Kabul." Sobotka findet in Zeiten wie diesen Halt in der Bibel: „Schon Jesus hat gesagt, wir brauchen in Afghanistan Hilfe vor Ort, um ein neues 2015 zu vermeiden, Matthäus 2, 20."

Gespräche laufen

„Hilfe vor Ort" – so lautet weiterhin die Maxime der ÖVP. „Und daher installieren wir Thomas Schmid bald als neuen Taliban-Chef. Gerald Fleischmann ist schon in Gesprächen. Leider sind die Taliban seinen Umgangston nicht gewohnt, drei Taliban-Pressesprecher in Kabul enthaupteten sich vor Angst selbst."

Auch Bundeskanzler Sebastian Kurz zeigt sich offen: „Sie wissen, ich helfe gerne, es steht jedem Afghanen frei, mich zu kontaktieren, meinen IBAN finden Sie auf der Partei-Website, 49 000 Euro sind umgerechnet etwa 893 Schafe, gern auch via Paypal oder Patreon, danke."

Freude über Spenden

Die Hilfe vor Ort kommt tatsächlich an. Neugierig packt eine Familie in Kandahar eine der Kisten aus. „Schaut, das funktioniert alles noch", ruft die Mutter und zeigt ihren Kindern mehrere gebrauchte Laptops, Handys und Festplatten. Freudestrahlend hält die Tochter einen Laptop hoch, auf dem in großen, bunten Blockbuchstaben „Gernot Arbeit" steht.

LEBEN — 2. September 2021

Mit Sneakers wandern gegangen: Mückstein von Großglockner gerettet

Die letzten schönen Sommertage wollte Gesundheitsminister und Turnschuh-Aficionado Wolfgang Mückstein für eine Wanderung auf Österreichs höchsten Berg nutzen. Da er statt Wanderschuhen nur Sneakers trug, musste er sich von der Bergrettung ins Tal bringen lassen.

HEILIGENBLUT – „Oida, wie bitte? Ich soll das da tragen?", schüttelt Mückstein den Kopf und wirft die knöchelhohen, braunen Jack-Wolfskin-Wanderschuhe ins Eck. „2002 hat angerufen, es will seine Orthopädieschuhe für Senioren mit Klumpfuß zurück." Der Minister ruft seinen Schuhbutler Ferdinand, der aus einem achtzig Quadratmeter großen begehbaren Schuhschrank in Mücksteins 85 Quadratmeter großen Wohnung kommt und eine elegante Holzkiste in den Händen trägt.

Mückstein lächelt, als er einen Schuh herausnimmt und daran riecht. „Mhmm, Reebok Club C 85 vintage. Genau der richtige Reifegrad, leicht nussig-ledrige Note in der Nase. Spuren von Gummi mit einem aromatisch-fruchtigen Plastik im Abgang. Zwar nur noch eine Sohle, aber die Optik macht das wett."

Perfekte Gefahreneinschätzung
Wie jeder Wiener kann auch Mückstein die alpinen Gefahren im Hochgebirge exakt richtig einschätzen. „2600 Meter Höhenunterschied, es wird gerade dunkel, starker Regen und da vorne paart sich ein Braunbär mit einer extrem aggressiven Killerkuh. Perfekte Konditionen. Da brauch ich nicht mal Verpflegung mit." Mückstein habe zu Hause am Kahlenberg schon Schlimmeres gesehen. „Keine Angst. Die Berge haben mehr Angst vor uns als wir vor ihnen. Oh shit, ich hab vergessen, mir die Schuhbänder zu binden. Wurscht, schaut eh viel cooler aus so."

Bei der Wanderung auf den Berg wendet der Gesundheitsminister dieselbe Strategie wie im Kampf gegen Covid-19 an: „Augen zu und durch", lacht Mückstein, der seit drei Stunden immer wieder an der ersten Treppe, die von der Busstation zum Beginn des Wanderpfades führt, auf einer nassen Holzstiege zurückrutscht. „Wir haben da jetzt vielleicht einen exponentiellen Anstieg, aber irgendwann wird das Wetter besser, und ich erreiche im Frühling dann die erste Berghütte."

Hilfe verweigert
Fünf Stunden und fünf Höhenmeter später wird der Minister allerdings von der harten Realität eingeholt. Der durchtrainierte Hausarzt rutscht immer wieder aus. Ortsansässige Kinder überholen ihn auf dem Weg zum Spielplatz und bieten ihm Hilfe an. Doch Mückstein bleibt hart: „Nein, bitte nicht die Rettung rufen! Ich bin immer noch bei der SVS versichert, die verrechnen mir zum Einsatz gleich auch noch die fünf neuen Hubschrauber plus den Hangar dazu."

Glück im Unglück: Ein Rettungshubschrauber fliegt zufällig auf dem Rückweg von einem anderen Einsatz vorbei und nimmt Mückstein mit. Der Notarzt wirkt gebeutelt und seufzt: „Eine deutsche Touristenfamilie ist in eine Schlucht abgestürzt. Alles, was wir gefunden haben, ist das hier." Er hält ein Paar weiße Flip-Flops in die Höhe.

POLITIK 3. September 2021

Besser als alle anderen: Musterschüler (35) hat Pandemie schon siebenmal gemeistert

Dafür gibt es ein glattes „Sehr gut"! Andere Nationen befinden sich derzeit in der vierten Welle, doch Musterschüler Sebastian Kurz hat die Corona-Pandemie bereits siebenmal gemeistert. Damit lässt er seine europäischen Kollegen weit hinter sich, die immer noch wie die blöden Lemminge gegen Corona ankämpfen müssen.

EUROPA – „Haha, das war ja volle Pulle einfach in diesem Semester! Wieder eine Pandemie geschafft, so viel Licht, wie ich dauernd am Ende des Tunnels sehe, das hält man ja gar nicht aus, da bekomm ich ja ur den Sonnenbrand, haha. Dabei hab ich kaum was lernen müssen und bin im Sommer nur rumgegammelt", prahlt Kurz und lehnt sich demonstrativ zurück. „Jetzt muss ich das ganze Schuljahr nix mehr machen." Die schlechte Betragensnote, weil er zu oft das Parlament geschwänzt hat, sei für ihn verschmerzbar.

Der Musterschüler setzt damit seine makellose Performance fort, nachdem er das Land schon seit Juni 2020 insgesamt sechsmal erfolgreich durch die Pandemie gebracht hat. Und das, obwohl er laut Aussage mehrerer Lehrkräfte schon seit Wochen keine Hausübun-

gen mehr macht: „Die Kampagne zur Ankurbelung der Impfrate hat er bis heute nicht abgegeben", heißt es aus dem Lehrerzimmer.
 Unter seinen Kollegen sorgt das Naturtalent Kurz für Argwohn. Neidisch blickt die in der ersten Reihe sitzende Streberin Angela Merkel zu ihrem Vorbild Kurz. „Wie er sich am ÖVP-Parteitag rühmt, die Pandemie erneut gemeistert zu haben, wie er nicht mit uns gemeinsam am Impfstoff lernen wollte, sondern ihn von dem dubiosen Dealer Wladimir am Schulhof kaufen wollte …" Sie blickt nach hinten, wo der schelmische Kurz ganz rechts außen auf seinem Stuhl sitzt und lustige Streiche macht, wie dem griechischen Kollegen heimlich fünf Flüchtlinge ins Bankfach zu quetschen.

Langsamer als Klassenschnitt
Den Vorwurf, dass Kurz derzeit deutlich langsamer als der Klassendurchschnitt vorankomme, kann der Musterknabe nicht mehr hören. „Nicht ich bin zu langsam, die anderen Streber sind zu schnell, um mir zu schaden", grinst er hämisch, während alle anderen ihre Hausübungen schon längst gemacht haben und er noch mitten in der Krise steckt.
 Nachhilfe wolle er nicht annehmen: „Das wäre ur peinlich. Ich will meine Kollegen nicht vergraulen, die seit 2017 hinter mir stehen. Sie sind ein bissl deppert und alle ungeimpft, aber da muss ich einmal auch an mich und die nächste Klassensprecherwahl denken." Er winkt durch ein Fenster in die Nachbarklasse, wo mehrere Rabauken nachsitzen müssen. Zwei Mitschüler, denen die Schulmilch aus der Nase läuft, winken mit Hitlergruß zurück. Kurz lacht: „Oje, da muss ich aber wieder viel hinunterschlucken!"
 Trotzdem blickt Kurz optimistisch ins neue Schuljahr. „Es kommt ein cooler Herbst, ein extrem cooler Winter, ein noch coolerer Frühling und ein ur arg cooler Sommer auf uns zu", lächelt der Kanzler, während er am Donaukanal spazieren geht, einem Obdachlosen Geld aus dem Hut stiehlt, sich ein Cornetto Erdbeer kauft und sein Hausübungsheft im Wasser versenkt.

LEBEN   6. September 2021

„Bin die Neue in der Klasse": Delta-Variante hat heute ersten Schultag

Für die Delta-Variante ist der heutige Tag ein ganz besonderer: Sie begeht ihren ersten Schultag in Österreich. Wird man sie in ihrer Klasse aufnehmen? DiE TAGESPRESSE ist vor Ort.

WIEN – Wien Donaustadt, Herbert-Priklopil-Gymnasium. Vor ihrem großen Tag umklammern die Schülerinnen und Schüler aufgeregt ihre Schultüten. Unter ihnen auch die Delta-Variante. „Kumm her do, wie schaust'n du aus", schimpft die Mama, die Alpha-Variante, und nimmt ihr Kind vor dem Eingang zur Seite, richtet ihm die Spike-Proteine hoch und bürstet noch einmal die Virushülle zurecht.

Die Delta-Variante freut sich, dass sie nach ihrem Umzug von England nach Österreich hier so gut aufgenommen worden ist. „Und was klebt da schon wieder?", fragt die Mama, befeuchtet ihren Daumen und wischt der Delta-Variante eine P681R-Mutation aus dem Mundwinkel. „Mama, du bist urpeinlich, die anderen schauen schon", seufzt Delta und verdreht die Augen.

Angst und Bange
In der Klasse versteckt sich die Delta-Variante nervös hinter ihrer Schultüte, doch die Mama macht ihr Mut. „Keine Angst", beruhigt die Alpha-Variante, „ich bin mir sicher, niemand kann sich deiner ansteckenden Ausstrahlung entziehen. Wirst sehen, die werden alle positiv auf dich reagieren."

Nervös verabschiedet sich die Delta-Variante von ihrer Mutter, schwebt ins Klassenzimmer und schaut sich neugierig um. „Grüß dich, ich bin der Herr Köck, keine Panik, ich bin eh ungeimpft, haha", sagt Biologie-Lehrer Helmut Köck und schüttelt der Delta-Variante die Hand. Aus seiner Hosentasche hängt ein negativer Coronatest aus dem Mai 2020, den er seither bei der strengen Testkontrolle im Lehrerzimmer vorzeigen muss, die ein- bis zweimal pro Jahr stattfindet.

In bester Gesellschaft
Neun Uhr, der Unterricht beginnt. Als Sitznachbar wählt sie sich Geronimo-Gerhard (6) aus, den Sohn eines freiberuflichen Büffelmützenschneiders und einer Servus TV-Redakteurin. „Ich glaub, die Familie vom Geronimo-Gerhard werd ich bald daheim besuchen", lächelt die Delta-Variante.

„Das Wichtigste in der Schule ist aber, dass alle gesund bleiben", erklärt Bildungsminister Heinz Faßmann. Er zeigt sich zuversichtlich, dass seine Maßnahmen gegen die heurige leichte Grippewelle greifen werden: „Ich habe für die Schulen eine Vielzahl an Regeln beschlossen, die alle hier in der Schulordnung stehen:" Faßmann deutet auf ein 800-seitiges Buch mit der Aufschrift *Coronaregeln – Band 1/382*.

Erfolgreiche Impfkampagne
Auch Kanzler Sebastian Kurz, der die „äußerst erfolgreiche Impfkampagne" (*Kurier*, *Krone*, oe24, WhatsApp-Gruppe von Mama Kurz) verantwortet, ist aus den Sommerferien zurück und besucht gemeinsam mit 15 Fotografen das Herbert-Priklopil-Gymnasium. „Und seids ihr schon geimpft, jo, jo?" Kein Kind nickt.

Kurz fährt staatsmännisch fort. „Sie kennen mich, ich bin für alle Menschen da, egal ob Groß oder Klein. Auch ich war einmal klein, jetzt bin ich groß. Ich denke, damit sind alle offenen Fragen zu unserer äußerst erfolgreichen Impfkampagne – ich lobe mich hier nicht selbst, sondern zitiere aus zahlreichen, unabhängigen Medien – beantwortet."

„Wir sehen uns dann wieder nach den Weihnachtsferien zur fünften Welle, viel Spaß noch im aktuellen Schuljahr, das bis Freitag dauert. Es kommt eine coole Zeit auf euch zu, im wahrsten Sinne des Wortes, ihr müsst ja immer das Fenster offen lassen, weil ihr keine Luftfilter habt. Ciao!" Die Delta-Variante winkt dem Kanzler nach.

SPORT   8. September 2021

Zeichen für Menschenrechte: ÖFB-Team boykottiert WM in Katar

Foto: picturedesk.com / HERBERT NEUBAUER

Das ÖFB-Team zeigt dem autoritären Regime in Katar die Rote Karte! Bis Samstag wollte man noch an der umstrittenen WM teilnehmen – jetzt ist alles anders. Um ein Zeichen gegen die massiven Verstöße gegen die Menschenrechte zu setzen, verweigert das renommierte Nationalteam die Teilnahme an der WM 2022.

WIEN – Wie schon bei der 2:5-Niederlage gegen Israel boykottierte das österreichische Nationalteam auch gestern in Wien gegen

Schottland die FIFA, indem die Spieler, angewiesen von Trainer Franco Foda, mitten auf dem Feld ihre Arbeit niederlegten. Die Bilder der mutigen Aktion bewegen das Land.

„Wir wissen selbst, wie es ist, in einem undemokratischen Land unter einem fanatischen, religiösen Führer mit Allmachtsfantasien zu leben", erklärt ein Spieler, der aus Angst vor einer Einladung zu einem Meet & Greet mit Gernot Blümel anonym bleiben möchte. „Unsere Gedanken sind in Katar und nicht bei der Abseitskralle – oder wie auch immer das heißt."

Menschenrechtsexperte Foda
Foda erklärt: „Ich bin ein Experte auf dem Gebiet der menschenrechtlichen Verstöße, weil ich bin selber einer." Ein Journalist hakt nach, woher diese Expertise komme. Foda lehnt sich entspannt zurück. „Haben Sie unseren Spielaufbau gegen Moldawien gesehen? Das hat mit der Europäischen Menschenrechtskonvention wirklich gar nichts mehr zu tun gehabt."

Schon über 6500 Gastarbeiter, meist aus Bangladesch, starben beim Bau der Stadien in Katar. Selbst Marko Arnautović lässt das nicht kalt: „Die Herrscher dort können nicht einfach das Leben von den Arbeitern kaufen. Wer glauben die eigentlich, wer die sind?"

Probleme und Konflikte
Für Foda ist dies nicht der erste Protest. „Beim 2:5 gegen Israel haben wir wegen dem, äh, Palästina-Konflikt protestiert, genau." Auf seinem Hemd breiten sich Schweißflecken aus. „Das ist wirklich sehr traurig alles, sehr problematisch und auch konfliktreich, was dort passiert an diversen ... Problemen und Konflikten und so weiter, die wir ja alle sehr genau kennen. Da muss ich nicht weiter ins Detail gehen."

Eine Sache ist dem Trainer wichtig: Der WM-Boykott habe nichts zu tun mit dem bevorstehenden Spiel gegen den übermächtigen Angstgegner Färöer. „Nein, absolut überhaupt gar nicht", bekräftigt Foda und lacht nervös. Die Schweißflecken haben sich mittlerweile auch auf seine Anzughose ausgebreitet.

„Auch wenn wir bei dem Spiel als Außenseiter natürlich die bessere Ausgangslage haben und sicher ein Unentschieden erkämpfen könnten. Aber hier planen wir ein 0:7, um ein Zeichen zu setzen gegen die Überfischung des Meeres durch die Fähringer. So nicht! Wir haben nur einen Planeten … der ausschaut wie ein Ball. Und am Ende geht es um Fußball. Ich denke, damit ist alles gesagt! Danke!"

LEBEN   10. September 2021

Um Platz für Impfgegner zu machen: Patientin verschiebt Schlaganfall auf Juni 2022

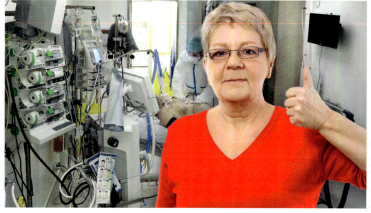

Eigentlich hatte Sieglinde K. (78) aus Leoben für diese Woche einen Spitalsaufenthalt für einen Schlaganfall geplant. Doch die Intensivstationen füllen sich rasant mit Ungeimpften. Um Impfgegnern ein dringend benötigtes Bett nicht wegzunehmen, verschiebt die Steirerin den Schlaganfall jetzt auf Juni 2022.

LEOBEN – „Ah so, ihr seids voll? Na, dann komm ich nächsten Sommer wieder, is ned tragisch", lacht Sieglinde K. und verkneift sich ihren Schlaganfall. Sie hat Probleme beim Sprechen, Lähmungserscheinungen im Arm, ihr ist schwindlig. Nach einigen Schritten verlassen sie die letzten Kräfte, und sie legt sich vor dem LKH Graz auf den Boden. Hinter ihr wird ein ungeimpfter 23-Jähriger mit Servus TV-T-Shirt in die Notaufnahme gefahren. „Mein Blutgerinnsel kann eh noch warten, jo mei, mach ich halt bis nach Corona alles mit meiner linken Körperhälfte", versucht sich K. lallend mitzuteilen. Man sieht ihr die Mühen, die sie aufgrund ihres zwanghaften Altruismus auf sich nimmt, deutlich an.

Nicht alles schlecht
„Mir passt des vom Sommerurlaub her sowieso besser", betont die rüstige Rentnerin und lächelt den Schmerz weg. „Außerdem kann ich dann gemeinsam mit meinem Hermann ins Spital. Der hat seinen Hirntumor auch auf den Juni 2022 verschoben. Da mach ma uns a Gaudi! Jetzt sind einmal die armen Ungeimpften dran, die haben sich ihr Schicksal ja nicht ausgesucht."
Ein Rettungsauto bremst vor dem Krankenhaus. Sieglinde richtet sich auf. Vor ihr wird eine bewusstlose 36-Jährige mit einer „Keinohrhasen"-Tasche auf dem Bauch eingeliefert. Sie verfolgt die Szene neugierig. „Bei der Hüfte wär's auch mal an der Zeit, aber eines nach dem anderen! Ich will nicht gierig werden, da geht's um Solidarität. Wenn ma das vergleicht, im Waldviertel hab ich aufgrund des Ärztemangels meine Weisheitszähne erst mit sechzig rauskriegt", lacht sie.

Propaganda
„Hahaha, jo wer die ganze Propaganda glaubt, is a fester Trottel", hustet Ferdinand R., ein 43-jähriger Impfgegner, während er an das Sauerstoffgerät angeschlossen wird. „Ist das eh GIS-frei? Sonst raus damit", fragt er die Krankenschwester.
„Na, wie viel zahlen der 5G-Gates, der Silberstein-Soros und der Mückstein, dass du da mitspielst? Das wird a Oscar, oder wenigstens a Romy", ruft er einer komatösen Patientin im Nebenbett zu. „Keine Antwort, da bist wohl jetzt baff. Da hab ich dich jetzt erwischt. Stört's wen, wenn i ane rauch?" Er zündet sich eine Marlboro an und öffnet das Fenster.
Sein Telefon vibriert, eine neue Telegram-Nachricht von Michael Wendler. „Ah geil, zehn Prozent Rabatt auf Pferdeentwurmer in dem Wendler sein Onlineshop mit dem Promo-Code SCHAF. Ein Tiermedikament ist für mich viel vertrauenswürdiger als eine umfas-

send getestete Impfung, die bereits fünf Milliarden Mal verabreicht wurde. Beim fünf Milliarden und ersten Mal passiert dann was!"

Er fordert eine Ärztin auf, ihm seine Kreditkarte zu bringen, da er nicht mehr aufstehen kann. Es wird langsam dunkel. Sieglinde K. liegt immer noch in der Wiese vor dem LKH und schaut in den Himmel. Sie lächelt. Die Asche aus dem Fenster des Impfgegners rieselt langsam auf sie herab.

WELT 15. September 2021

Säbelrasseln: Nordkorea testet oberösterreichische Eierschwammerl

Foto: Tagespresse

Während der Iran noch versucht, Uran anzureichern, gelang Nordkorea jetzt der atomare Durchbruch. Kim Jong-un ging im oberösterreichischen Kirchdorf unbemerkt auf Eierschwammerlsuche. Nordkorea hat sein Atomarsenal damit signifikant erweitert.

KIRCHDORF – Es sind Bilder, die von Washington über Brüssel bis nach Moskau alle beunruhigen: Diktator Kim Jong-un kniet sich ins feuchte Moos. Behutsam zupft er ein radioaktives Eierschwammerl nach dem anderen aus dem Waldboden. Wenn seine Generäle gerade nicht schauen, knabbert der Alleinherrscher heimlich an den begehrten Pilzen und reibt sich lächelnd den Bauch. Seit der „Große Führer" in Österreich angekommen ist, berichtet das nordkoreanische Staatsfernsehen in Kooperation mit dem gemäßigten Diktaturen nicht abgeneigten Servus TV live.

Nach vier Stunden im steilen Gelände hat Kim Jong-un es geschafft. Er hat genug Eierschwammerl gesammelt, um die Imperialisten zurückzuschlagen. Sein Machthunger ist Kim deutlich anzusehen, immer wieder schaufelt der Diktator beim Mittagessen große Portionen Schwammerl auf seinen Gmundner-Keramik-Teller, den er im örtlichen Souvenirshop mit dem gesamten Staatsbudget Nordkoreas um 29,90 Euro gekauft hat.

Genussmensch Kim
„Mmh, und jetzt noch ein bissl Rahm dazu", murmelt der nordkoreanische Führer, während sich Chemiker und Militärs neben ihm nervös die Hände vors Gesicht halten. Ob er die geheimen Pläne des Rezepts aus dem Darknet gekauft oder von feindlichen Mächten gestohlen habe? Kim Jong-un schüttelt mit dem Kopf. „Na, ORF Nachlese."

„So, jetzt fehlt nur noch die geheime Zutat, die alles menschliche Leben in dir abtötet", lächelt Kim seinen Leibkoch Andi-un Alex an, streut grüne Blätter über die Schwammerl und nippt an seinem Riesling Smaragd aus der Wachau. „Das kann niemand überleben. Radioaktivität plus Petersilie."

„Drei Fukushimas"
„Ein Eierschwammerl aus Oberösterreich hat etwa die Strahlung von drei Fukushimas. Wenn man die mit etwas Butter in der Pfanne schmort und anschließend mit dem Messer spaltet, werden ungeheure Energien freigesetzt", erklärt ein Experte. Die Folge: Ganze Städte könnten im Nu in Schutt und Asche gelegt werden.

Außenminister Alexander Schallenberg warnt vor einem Verzehr. In einem schockierenden Video zeigt sein Ministerium, was passieren könnte, würde man oberösterreichische Eierschwammerl in Wien essen:

Radioaktive Eierschwammerl sorgen in Oberösterreich schon seit Längerem für Probleme. „Das Zeug ist überall, schauen Sie, die fressen jetzt schon die Schlangen im Klo auf", erklärt ein Linzer, während er mit dem Besen auf Eierschwammerl eindrischt, die versuchen, aus der Toilette zu klettern.

USA alarmiert
Die USA beobachten das Treiben in Kirchdorf mit Sorge. „Unsere Satellitenbilder zeigen, dass Kim Jong-un jetzt seit drei Stunden verdaut. Wir rechnen spätestens um 18 Uhr mit einer ersten Bombe", erklärt Biden. Um Kim Jong-un auszuschalten, versucht die CIA, den nordkoreanischen Diktator heute Abend gemeinsam mit FPÖ-Chef Manfred Haimbuchner auf eine potentiell tödliche Storchenparty in Steinhaus bei Wels zu lotsen.

WELT   20. September 2021

Forscher sicher: Wegscheider aus Labor in Wuhan entkommen

Bisher ging die Wissenschaft davon aus, dass Servus TV-Chef Ferdinand Wegscheider auf dem Wildtiermarkt in Wuhan entstand. Doch neue Erkenntnisse bringen diese Ansicht nun ins Wanken. Ein internationales Forscherteam behauptet, Wegscheider sei künstlich in einem Labor erschaffen worden, bevor ihm die Flucht gelang.

WUHAN – „No photos, no photos", schreit ein Security und läuft auf uns zu. Unsere Tarnung ist aufgeflogen. Mit aufgeklebten Hitlerbärten versuchten wir, uns als Freunde von Wegscheider auszugeben. Der Security schreit auf Chinesisch mit Salzburger Dialektfärbung in sein Headset und zielt mit dem Taser auf uns. Wir retten uns über den Zaun und springen ins Auto. Der Smog von Wuhan brennt in der Lunge, während wir aufgepeitscht vom Adrenalin davonrasen.

Seit Jahren kämpft die Welt gegen die schlimmste Plage seit der Schwarzen Pest an, doch bis jetzt gibt es kein Mittel gegen den Wochenrückblick von Wegscheider. Immer schon bestanden Zweifel an der offiziellen Version der WHO: Wegscheider soll auf dem Wildtiermarkt in Wuhan entstanden sein, als sich ein Zirkusaffe und ein

Stachelschwein paarten. „Es lebt!", soll Ziehvater Sucharit Bhakdi damals bei der Geburt des Wesens verkündet und es sogleich an seiner Brust genährt haben.

„Folklore-Frankenstein"
Eine Forscherin, die im Auftrag der WHO in Wuhan arbeitet und anonym bleiben will, ist sich sicher: „Die Chinesen haben Hallstatt nur nachgebaut, um einige hochgefährliche, künstlich gezüchtete Österreicher darin sicher aufzubewahren und sie vor dem Publikum auszustellen – so eine Art Jurassic Park der Jodler." Der Versuch schlug fehl.
Wir stellen den Wagen in der Nähe des Jinyin-Sees ab. Nach fünf Minuten steigt eine Frau ein, es ist die Whistleblowerin. Sie zieht Fotos und Dokumente aus einem Umschlag, die uns erschaudern lassen: „Wegscheider ist eine Art Folklore-Frankenstein. Man hat zwei Stierhoden in einem Teilchenbeschleuniger kollidieren lassen, dann der ganzen Masse noch die in Red-Bull-Nährlösung stabilisierte DNA von Felix Baumgartner injiziert, das Gehirn des Wesens durch einen alten Herbert-Kickl-Fanschal ersetzt und ihn 14 Tage lang vor einem Fernseher festgebunden, auf dem ‚Keinohrhasen' von Til Schweiger gelaufen ist."

Laborunfall?
Fraglich ist, ob Wegscheider durch einen Laborunfall entkommen oder bewusst von China freigesetzt worden ist, um die westliche Welt mit Falschinformationen und Gegenaufklärung zu destabilisieren. „Die Impfraten in Salzburg und Oberösterreich sind die landesweit niedrigsten, die Servus TV-Quoten die höchsten. Nur ein Zufall?", fragt Verschwörungstheoretiker Lukas Vogler, bevor ihn Wärter zurück in die Gummizelle bringen. Zu gefährlich sind seine Gedanken für diese Gesellschaft.
Wir setzen unsere Quelle am Ufer des Hanshui-Flusses ab, verstauen die Fotos im Handschuhfach und fahren zum Wangshan-Park. Das „Huuuhu" einer Eule ist zu hören. Wir haben auf dieses Signal gewartet. Die gespenstische Hofnarrenpuppe von Wegscheiders Schreibtisch tritt aus der Dunkelheit, zündet sich eine Zigarette an und seufzt: „Ihr wisst doch, dass alles, was auf Servus TV gesagt wird, nur Satire ist, oder? Immer, bevor ich vor die Kamera trete,

ziehe ich mir den Wegscheider an, damit man checkt, dass man mich nicht ernst nehmen darf. Oder seid ihr etwa auch Teil der Meinungsdiktatur einer linken Journalistenarmada?"

POLITIK   21. September 2021

Null Toleranz gegen Einzelfälle: Kickl will geimpfte FPÖler aus Partei werfen

Immer öfter fallen FPÖ-Politiker mit schockierenden Entgleisungen auf und setzen entgegen der Parteilinie vernünftige Handlungen. Parteichef Herbert Kickl will gegen diese „Einzelfälle" ab sofort eine Null-Toleranz-Politik fahren. Geimpften Funktionären droht der Parteiausschluss.

WIEN – Wie ein Spürhund streift Kickl durch die Parteizentrale. „Ich kann das Blut einer Einstichstelle riechen", knurrt er, reißt einem Pressemitarbeiter das Hemd nach oben und untersucht den rechten Arm. „Ausstrecken!" Der zitternde Endzwanziger streckt den rechten Arm aus. „Was ist das?", fragt Kickl und drückt auf den Verband. „Öffnen!" Der Mitarbeiter entfernt den Verband und legt ein frisch gestochenes „Blut und Ehre"-Tattoo frei. Fehlalarm! Der Parteichef entschuldigt sich für die Störung und zieht weiter.

Volltreffer

Doch schon im nächsten Gang schlägt seine Nase wieder an. Kickl stürmt ins Büro von Dominik Nepp. „Hemd auf, Arm ausstrecken", schreit er. Nepp führt den Befehl aus. Kickl inspiziert den Arm, entdeckt ein kleines Pflaster und lächelt diabolisch. Bingo. „Ich, ich, ich bin nur Mitläufer, echt", stammelt Nepp.

„Der Impfbus ist am Heldenplatz stehen geblieben, ich habe aus Neugier hingeschaut, weil ich dacht hab, das ist unser alter Gangbangbus. Die Stimmung war euphorisch, ich bin da mitgerissen worden. Da hab ich halt meinen rechten Arm gehoben und mitgeimpft. Ich hab nichts gewusst von den Impfkammern im ganzen Land." Kickl kennt keine Gnade, Nepp wird von den Securitys aus dem Gebäude geschleift.

Allein unter Geimpften

„Was machen die zwei Pfizer-Sticker da?", fragt Kickl kurz darauf, während er durch den Arierausweis von Harald Vilimsky blättert. Der FPÖ-Chef hält den Ausweis gegen das Licht. „Ist der überhaupt echt? Ich mein, mit dem Nachnamen …" Vilimsky gesteht schließlich. Er habe sich impfen lassen, weil der Druck zu groß war. „Eine 1-G-Regel bei der Würstelbude Reichsadlerhorst am Floridsdorfer Spitz würd i ned überleben."

Einzelfälle

Kickl starrt aus dem Fenster. Der nächste Verräter ist überführt. „Einzelfall, Einzelfall, Einzelfall, Ausreden, Ausreden, Ausreden. Ich kann es nicht mehr hören." Er verbrennt Vilimskys Arierausweis vor dessen Augen. Mit gesenktem Kopf räumt Vilimsky seine Lieblingsknochen in einen Umzugskarton. Kickl geht, ohne sich umzudrehen.

„Ich erinnere mich noch, als wir die Partei der Dichter und Denker waren, als wir noch Gedichte über Laborratten verfasst haben, statt selbst Laborratten zu sein", ist Kickl bestürzt. Er selbst wolle dem Impfdruck nicht nachgeben. „Gegen Corona bin ich entwurmt, gegen FSME hab ich erst gestern wieder ein Geschirrspülmittel-Tabs geschluckt und Tetanus ist zum Glück nur eine Erfindung dieses Computergiganten und Softwareentwicklers Harald Mahrer."

Der blaue Parteichef hat genug. Er will noch diese Woche eine Historikerkommission einsetzen, die alle dunklen Flecken in der Parteigeschichte gnadenlos ausleuchten wird. Er hofft, dass die Ergebnisse vorliegen, noch bevor alle Geimpften tot sind.

„Auch vor meiner Vergeltung wird sie die Impfung nicht schützen, diese Herren werden bald genug Zeit haben, um an der Segelfliegerschule Pinkafeld ihren alten Kollegen wieder zu treffen", sagt Kickl und kratzt sich ein Pflaster auf seinem Oberarm. „Äh, das? Das, das, ähm, das ist nur Heroin, ehrlich!"

WELT   22. September 2021

„Alter Opa hat mich abgelenkt": Kurz verfehlt wegen Biden-Rede Candy-Crush-Rekord

Das war knapp! Nur um wenige Hundert Punkte verfehlte Bundeskanzler Sebastian Kurz seinen alten Candy-Crush-Rekord.
Der Kanzler ist sicher: Hätte ihn der alte Mann vorne am Podium mit seinem Gerede über Klima und Wirtschaft nicht abgelenkt, hätte er Weltgeschichte geschrieben.

NEW YORK – Die ganze Welt starrte gebannt nach New York. Vertreter aus allen Mitgliedstaaten fieberten mit. Medien waren live dabei und fragten sich: Kann Sebastian Kurz seinen alten Candy-Crush-Rekord aus dem Ibiza-U-Ausschuss knacken? Doch der UN-Gipfel blieb hinter den Erwartungen zurück. Immerzu wird der Kanzler von einem sprechenden Mann am Rednerpult, bei dem es sich um einen ranghohen Beamten der USA handelt, aus dem Konzept gebracht.

Unverständnis
Für Kurz reicht es schließlich nur für den zweiten Platz. Enttäuscht stürmt der Kanzler während der Biden-Rede aus dem Saal und klagt gegenüber österreichischen Medienvertretern sein Leid. „Ich brauche volle Konzentration und kann nicht meine volle Leistungsfähigkeit abrufen, wenn da im Hintergrund irgendein alter Sack über den Weltfrieden und so einen Schas schwafelt", erklärt er.

„Ich mein, was glaubt der Typ, wer er ist? Der König von Amerika, oder was? He Opa, ich trainiere hier, um endlich den Aufstieg zu schaffen in den Profisport, damit ich nicht länger als Beamter der Republik knechten muss, und ich muss meine Sponsoren zufriedenstellen", erklärt der Waldviertler Handyprofi und zeigt auf ein Novomatic-Logo auf seiner Jacke. Kurz gilt als Österreichs erfolgreichster E-Gamer seit Jörg Haider (Need for Speed).

Oberklasse
Mehrere Assistenten kleben Tapes auf die wundgewischten Finger von Kurz, eine Praktikantin fettet das Handy-Display ein, die mitgereiste Mentaltrainerin macht mit dem Athleten Heiße-Luft-Atemübungen und legt ihm ein warmes Schnitzel auf den Brustkorb. Im Spitzensport darf nichts dem Zufall überlassen werden, dafür steht zu viel auf dem Spiel.

Kurz will sein Hobby endlich zum Beruf machen: „Die großen Spielefirmen suchen immer nach Profis, die haben hier ihre Talentscouts." Sein großes Ziel: einmal den Clash-Of-Clans-Weltrekord brechen und den bisher unbekannten Spieler *1030_kloburg* vom Thron stoßen.

LEBEN   23. September 2021

„Gottes Inquisitionsservice": Kirche gründet eigene GIS, um Beiträge einzutreiben

Foto: Tagespresse

Möge Gott ihren Seelen gnädig sein: Säumigen Beitragszahlern geht es schon bald an den Kragen. Die Kirche gab heute die Gründung des „Gottes Inquisitionsservice", kurz GIS, bekannt. Die Behörde von Gottes Gnaden soll rückständige Beiträge der Mitglieder eintreiben.

WIEN/GRAZ – Kreuzritter Johannes Kares (42) steigt umständlich von seinem Pferd, das er an einen Hydranten anbindet. Mehr als drei Stunden braucht er in seiner schweren Rüstung, bis er in einem Gründerzeithaus in Hietzing im dritten Stock ankommt und bei seiner heutigen Klientin mit dem Schwert gegen die Tür pocht. Blitzschnell schiebt Kares seinen Fuß in einen Türspalt.

„Momenterl, gnädige Frau, seh ich da im Wohnzimmer an der Wand ein Kreuz?" Die 67-jährige Pensionistin Elfriede läuft rot an. „Das, äh, nein, also das ist ein sehr kleines ... Bücherregal." Ein sadistisches Lächeln flackert über Kares' Gesicht. „Sie nutzen heimlich die Dienste der Kirche, oder? Nix zahlen, aber dann, wenn's hart auf hart kommt, in den Himmel kommen wollen, stimmt's?" Frau Elfriede beginnt zu zittern und bekreuzigt sich mehrmals. „Ich hol mein Geldbörserl."

Schauplatzwechsel, Graz. Der pragmatisierte Inquisitor Kares stochert mit seiner Schwertklinge durch einen Türspion. „Herr Hitzberger, ich weiß, dass Sie da sind. Ich hab da Ihre Krankenakte. Der Lendenwirbel ist verschoben? Sie haben es mit dem Kreuz? Da klingelt bei mir schon was. 700 Euro, bitte. Und der Herr Toni Faber hätte dann bitte gerne noch Ihr Gmundner-Geschirr für sein Penthouse."

„Gottes Wort"
„Wir vollstrecken hier nur Gottes Wort", rechtfertigt sich Kardinal Christoph „Dagobert" Schönborn und zitiert eine bisher unbekannte Bibelstelle, die er angeblich in den kleingedruckten AGB der Bibel gefunden hat. „Und Jesus sprach zu seinen Jüngern: So gehet hin zu ihnen, betretet ihre Heime, und haben sie keine Silberschekel, so nehmet ihren Flatscreen mit." Ergriffen nimmt der Kardinal seine Brille ab. „Die Stelle haben wir voll zufällig entdeckt, die war Tausende Jahre hinter einem, ähm, Altar versteckt."

In einer neuen, lustigen TV-Werbekampagne betreibt die Kirche bereits Imagewerbung, um Säumigen eine letzte Chance zu geben. „Hallo, ich bin's, dein Kruzifix! Bist du noch ein Saulus, der schwarz betet, oder schon ein Paulus, der brav zahlt? Ich würd mich wiiiirklich freuen über deinen Beitrag, weil sonst muss deine Seele bis in alle Ewigkeit in der Hölle schmoren und Satan frisst dir jeden Tag zum Frühstück die Eingeweide raus, hihihi, na guuuuut, babaaaa!"

Hohe Kosten
Doch wozu braucht die katholische Kirche überhaupt so viel Geld? Ein Priester führt uns durch die riesige Bibliothek der Erzdiözese St Pölten und zeigt auf meterhohe Bücherregale, gefüllt mit Aktenordnern. „Anwaltskosten, Entschädigungszahlungen für die depperten Buben, die sich nicht in den Schoß der Kirche aufnehmen lassen wollten, also buchstäblich in meinen Schoß halt."

Die katholische Kirche gilt mit einem geschätzten Vermögen von 4,5 Milliarden Euro als Österreichs größter Grundbesitzer. Doch Kardinal Schönborn sieht darin keinen Grund, nicht noch mehr Besitz anzuhäufen. „Schon Jesus sagte: ‚Gebet den Armen!' Und ich sag euch, wahrhaftig, die Arme unseres Lusters in der Diözese vertragen ruhig noch einige Kristalle."

POLITIK   27. September 2021

Chaos am Grazer Flughafen: ÖVP-Funktionäre flüchten vor Kommunisten

Dramatische Szenen spielen sich derzeit am Grazer Flughafen ab. Hunderte verzweifelte Mitglieder der ÖVP wollen einen Platz auf einem der letzten Flüge aus Graz. Grund: Die ÖVP hat Angst um das Leben ihrer liebsten Eigentumswohnungen und Bausparverträge.

STALINGRAZ – „Lasst mich drauf, ich hab Priority fußfrei gebucht", schreit ein JVP-Mitglied und krallt sich an der Tragfläche einer AUA-Maschine Richtung Linz fest. Es sind Szenen der Angst, der Verzweiflung, der Panik. „Wenn ich an die Wand gestellt werde, dann bitte nur an die meines Zinshauses mit Uhrturmblick für ein Foto fürs REMAX-Magazin", bettelt ein ÖVP-Funktionär, der keinen Platz an Bord ergattern konnte, um Gnade. In Stalingraz, wie die steirische Hauptstadt seit gestern offiziell heißt, regiert jetzt Elke Kahr – und mit ihr: der dunkelrote, linksterroristische Terrorkommunismus.

Innenminister Karl Nehammer steht zitternd mit einem Megafon auf dem Flügel eines Flugzeuges und beruhigt die aufgebrachten türkisen Funktionärinnen und Funktionäre. Einer steht verzweifelt am Stacheldraht: „Bitte, wenn nicht schon mich, dann doch bitte meinen Liebling!" Er reicht Nehammer sein Raika-Sparbuch.

Organisatorische Meisterleistung
Nehammer räuspert sich: „Liebe Freunde und liebe Freunde, wir, ich wiederhole, wir werden mit dieser terroristischen, gottlosen KPÖ nicht verhandeln. Wir haben bereits diplomatische Beziehungen mit unseren lieben, gläubigen Freunden in Kabul aufgenommen. Eine Luftbrücke zu den Taliban ist garantiert. Bitte bleiben Sie ruhig." Nehammer bekreuzigt sich, Hunderte ÖVP-Mitglieder laufen auf die Maschine zu und drängen in die Business Class, während die Economy Class leer bleibt. Ein ÖVP-Mitarbeiter gibt auf. Er setzt sich auf das Rollfeld und seufzt: „Lieber in den Gulag als in die Economy."
   Seit ÖVP-Bürgermeister Siegfried Nagl seine schützende Hand von der Stadt weggezogen hat, regiert das Chaos. Sämtliche Straßen sind verstopft, da die Grazer U-Bahn, Nagls Prestigeprojekt, nie gebaut wurde. „Ich wollte zum Flughafen skaten, aber das war auch nicht erlaubt", schluchzt ein zwanzigjähriges JVP-Mitglied, das mit dem BMW M5 des Vaters in der Engelsgasse im Stau feststeckt.

Spannungsfeld humanitäre Hilfe
Doch es gibt auch kritische Stimmen, die vor zu viel Hilfsbereitschaft gegenüber den Türkisen warnen. „Wieso sind da auf den Bildern nur junge Männer? Wieso haben die ein iPhone, Hirschlederhosen oder einen Slim-Fit-Anzug? Wo sind die Frauen, wo die Kinder? Und warum haben sie Werte aus der Steinzeit und respektieren unseren Rechtsstaat nicht", fragt ein afghanischer Asylwerber.
   „Die wollen doch unser Sozialsystem ausnutzen und Abgeordneter, Bundesrat oder ÖBAG-Chef werden, wo sie nichts arbeiten müssen." Nicht selten werden ÖVP-Politiker straffällig, konsumieren Kokain und tanzen der Justiz oft über Jahre auf der Nase herum.

Kulturrevolution
Kurz nach zehn Uhr hebt der letzte Flieger in Graz ab. Wenige Minuten später sprengt die KPÖ das Terminal samt Tower. „Da kommt jetzt das hin, was die Jugend am dringendsten braucht: eine Gemeindebau-Skaterampe", lächelt KPÖ-Spitzenkandidatin Elke Kahr. Nicht weniger als eine Kulturrevolution will sie in der Landeshauptstadt einläuten.
   Die türkisen Insassen fliegen in eine ungewisse Zukunft. Bereits wenige Minuten nach dem Start kommt es zu Turbulenzen.

Nehammer blickt zerknirscht aus dem Fenster: „Wir überfliegen gerade das Burgenland. Es wird eng. Was hat der nächste irre linke Diktator da unten vor? Möge Gott uns schützen." Der Flieger verschwindet in den roten Wolken.

POLITIK   27. September 2021

Wahlsprengel-Analyse: MFG-Partei besonders stark in Intensivstationen

Mit mehr als sechs Prozent zog die Partei MFG (Menschen – Freiheit – Gatesmussweg) gestern sensationell in den oberösterreichischen Landtag ein. Eine Analyse der Wahlergebnisse zeigt: Die Liste der besorgten Impfgegner kam besonders gut bei Menschen in Intensivstationen an.

LINZ – Durch die Gänge der Intensivstation im Juri-Gudenov-Privatkrankenhaus hallt das Husten, Röcheln und Keuchen der Patienten. Wir befinden uns mitten im stärksten Sprengel der Bürgerliste MFG. 99,8 Prozent der Wähler machten hier ihr Kreuz bei der Impfgegnerpartei. Die eine Hälfte der Patienten verfolgte den Wahlabend im Fernsehen, die andere Hälfte im Koma.

Stolz spaziert Spitzenkandidat Joachim Aigner durch die Gänge. "Wir haben hier vor Kurzem noch unsere Abschlussveranstaltung im Wahlkampf abgehalten, denn wir sind eine Partei, die dorthin geht, wo unsere Wähler sind. Oder auch waren", erinnert sich Aigner und streift nachdenklich über einen Tropf, der an einer leeren Infusion hängt. Hier habe Aigner damals sogar den Konkurrenten und FPÖ-Spitzenkandidaten Manfred Haimbuchner kennengelernt, sie kamen ins Gespräch, als sie am selben Beatmungsgerät hingen.

Aigners Pressesprecher, der Telegram-Moderator Gerhard „Kill Bill Gates" Leitner, schiebt seinen Chef weiter. „Direkt unter uns ist die Pathologie. Quasi kurzer Dienstweg, wenn wir unsere Erstwähler besuchen wollen." Aigner nickt und lächelt. Hier, wo die EKG-Geräte piepsen und die Beatmungsmaschinen surren, ist seine politische Heimat. Der gelernte Steuerberater Aigner schüttelt heute viele Hände. „Manche sind ja sogar noch warm", freut er sich.

Volksnaher Parteichef
Plötzlich ein Zwischenfall: Aigner kann sich kaum aus der Umklammerung eines Wählers befreien, bei dem direkt während des Handshakes die Leichenstarre einsetzt. Mit seinem typischen menschenfreundlichen Franz-Fuchs-Lächeln, das so viele FPÖ-Wähler überzeugen konnte, überspielt er den Vorfall. Dann steckt er einem kleinen Kind ein Wahlgeschenk zu: eine Schachtel Pferdeentwurmer mit MFG-Logo. Das Kind lächelt ihn mit hellroten Zähnen an.

Doch der Wahlabend hinterlässt bei MFG einen fahlen Beigeschmack: „Eigentlich haben wir 99,9 Prozent erreicht. Das wurde bewusst falsch ausgezählt – wie beim Trump. Das haben mir Leute auf Telegram geschrieben, die bei der Wahlbehörde arbeiten. Aber die müssen leider anonym bleiben, weil sie sonst gekündigt und von der Europäischen Arzneimittel-Agentur eingeschläfert werden und vor allem auch weil ich sie frei erfunden habe."

Sensationelle Mobilisierung
Wie ein Blick auf die SORA-Wählerstromanalyse zeigt, konnte MFG vor allem FPÖ-Wähler, aber auch Nichtwähler und Nichtmehrlangewähler, für die die Landtagswahl aufgrund einer akuten Covid-Infektion wohl die letzte gewesen sein wird, abholen. Ein Nichtwähler aus Vöcklabruck hingegen zeigt sich skeptisch: „Diese

MFG-Leute sitzen jetzt auch im Landtag, ich trau denen da oben nicht. Und wofür steht das G im Namen überhaupt? Getestet, geimpft oder genesen?"

WELT 29. September 2021

Dank Brexit: Großbritannien gelingt Ausstieg aus fossilen Brennstoffen

Nach dem EU-Austritt überschlugen sich die Experten mit düsteren Prognosen – doch sie sollten falschliegen. Nicht einmal zwei Jahre nach dem Brexit gelang Großbritannien das Unglaubliche: der komplette Ausstieg aus fossilen Brennstoffen. Auf der gesamten Insel ist kein einziger Tropfen Benzin zu finden.

LONDON – „Wer lacht jetzt?", erklärt der britische Premier Boris Johnson triumphal, während er vor der Downing Street von seiner Kutsche absteigt. Es ist auch sein Erfolg. Als Belohnung steckt er dem Pferd eine Dose Baked Beans ins Maul. „Karotten waren gerade aus."

Vor den Tankstellen in ganz Großbritannien versammelten sich Millionen Autofahrer, um sich zu vergewissern, dass die gute Nachricht wirklich stimmt. Andächtig gedenken sie dem vergangenen fossilen Zeitalter mit einem halbwarmen Tankstellensandwich und einem Becher Haltbarmilch aus dem Zweiten Weltkrieg.

Wenige Meter weiter prügelt sich eine Gruppe Spediteure neben einem Fish'n'Chips-Stand um einige Liter altes Frittieröl. Der Letzte, der noch steht, leert das Öl jubelnd in seinen LKW. Doch dann hält er inne, denn ihm fällt ein, dass sein polnischer LKW-Fahrer die Insel im Jänner verlassen musste.

Leuchtendes Beispiel
Auch Umweltorganisationen jubeln. Greenpeace-Sprecherin Clarence Millfield zeigt sich begeistert: „Wir fordern alle Staaten auf, billige Arbeitskräfte aus dem Land zu schmeißen, damit niemand mehr da ist, der weiß, wie man einen LKW fährt. Nationalistischer Populismus ist unsere letzte Hoffnung, den Klimawandel zu stoppen."

Während die Briten ihren Erfolg feiern, kämpft die EU mit drastischer Lebensmittelknappheit, wie ein EU-Kommissar gegenüber der **TAGESPRESSE** einräumt: „Uns ist vom vielen Nachrichten-aus-London-Schauen leider das Popcorn ausgegangen." In ganz Brüssel gab es aufgrund der Geschehnisse im Vereinigten Königreich keine Maiskörner mehr zu kaufen.

Kulturelle Veränderungen
Für Queen Elizabeth ist es nicht die erste Krise. Sie steigt um auf einen von kolonisierten Eingeborenen getragenen Thron, bis ihr nagelneuer Stronach-Sarit im Union-Jack-Stil endlich ankommt. Nur rund 15 Stunden braucht sie dann, um ihre dreißig Kilometer entfernte Sommerresidenz zu erreichen.

Indes stimmt Premier Johnson mit guter Stimmung die Bevölkerung bereits auf das erste rauschende Weihnachtsfest nach dem Brexit ein. Statt klimaschädlichen Truthähnen werden im Sinne seines Klimapakets heuer vor allem alte Autoreifen auf den Tisch kommen. „Geschmack und Konsistenz sind ohnehin gleich und man kann damit auch die Wohnung heizen."

LEBEN   1. Oktober 2021

September vorbei, aber Geimpfte noch am Leben: Bekamen sie nur Placebo?

Der Oktober beginnt, doch alle Geimpften verweilen noch unter den Lebenden – und das, obwohl der renommierte Telegram-Mediziner Dr. Coldwell prophezeit hat, dass jeder Immunisierte fallen wird wie das Laub von den Bäumen. Wurden wir nur mit Placebos geimpft?

ÖSTERREICH – Krisensitzung im Privatlabor von Dr. Leonard Coldwell. Gemeinsam mit seinem wissenschaftlichen Team, bestehend aus Schauspielern, Köchen, Sängerinnen und Gauklern aus dem Privatfernsehen, wertet er die Todesstatistik aus. Immer wieder seufzt er ungläubig.

„Eigentlich sollte hier die magische Zahl stehen: 5,4 Millionen tote Geimpfte." Doch die meisten Österreicher leben noch. Wie ist das möglich? Dr. Coldwell zückt sein Handy. „Wir brauchen Unterstützung, das ist ein wissenschaftlicher Notfall." Er wählt die Nummer einer Schauspielerin, die 2013 schon einmal für eine Romy nominiert war und mehrmals in ihrer Karriere eine Ärztin gespielt hat.

Schwere Vorwürfe
Das Massensterben im September blieb aus, Impfstoffhersteller stehen jetzt unter Manipulationsverdacht. „A Salzwasser ham's ma gspritzt, de G'fraster!", reagiert ein Betroffener, der sich erhofft hatte, die restriktive Sterbehilfegesetzgebung in Österreich mittels zweier Dosen AstraZeneca umgehen zu können. Doch er ist gesund und glücklich, ein Zustand, den der betroffene Wiener einfach nicht vertragen kann.

Auch Herbert Kickl, der sich derzeit wegen Mumps, Masern und Kinderlähmung in Behandlung befindet, ist ratlos. „Die Brunnenvergifter der Big Pharma machen keine Fehler. Hier ist was faul im tiefen Staat", jammert er und überschminkt sich die roten Kreise, die seine seit 2009 auf seinem Rücken nistende Hauszecke verursacht.

Umfrage
Eine **TAGESPRESSE**-Umfrage unter Geimpften am Montagmorgen im 13A ergab: Von 200 Befragten fühlten sich zwar 184 innerlich tot. Doch 199 wiesen die üblichen österreichischen Vitalzeichen auf wie erhöhten Puls, Schnappatmung und Alkoholfahne. Nur eine Person auf dem Weg zu einem SPÖ-Bezirkstreffen erwies sich als tatsächlich klinisch tot, was diese jedoch abstritt.

Schlagersänger nicht vertrauenswürdig
„Ich bin, ehrlich gesagt, geschockt, dass die medizinischen Vorhersagen eines gescheiterten 49-jährigen Schlagersängers mit 16-jähriger Freundin, der uns ständig irgendwelche Survival-Produkte andrehen will, nicht eintreten", zeigt sich auch Pensionistin Gerlinde S. (72) aus Wiener Neustadt überrascht.

„Ich hab mich schon gefreut. Leider muss ich jetzt den ganzen Scheiß noch länger ertragen, und das sogar mit Antikörpern, die mich gegen Corona schützen – bleibt mir denn gar nix erspart?" Sie hofft jetzt, dass wenigstens der Totimpfstoff hält, was sein Name verspricht. Um ihre Lebenszeit verlässlich zu verkürzen, will sie ab sofort MFG wählen und nur noch Servus TV schauen.

POLITIK 8. Oktober 2021

„Es ist dringend": Van der Bellen beruft Vengaboys ein

Foto: LUKAS HUTER / APA / picturedesk.com

Gute zwei Jahre ist ihr letzter Einsatz in der Bundeshauptstadt her, nun beruft der Bundespräsident die Vengaboys abermals ein. Die Lage ist offenbar noch ernster als bisher angenommen.

WIEN – Mit quietschenden Reifen bremst der knallbunte Vengabus vor der Hofburg. „It's Vengatiiiime", schreit Vengaboy Donny aus der Fahrerkabine und wirft einen rosa Hut aus dem Fenster, der von einer Windböe erfasst und über den Heldenplatz getragen wird. Hastig verlässt das spärlich bekleidete „Sondereinsatzkommando Ibiza I und II" das Gefährt. Es gibt keine Zeit zu verlieren. Jede Minute zählt.

„Es ist dringend"

Bundespräsident Alexander Van der Bellen, der aufgrund der momentanen Situation im Minutentakt präsidiale Glimmstängel in seiner Lunge verschwinden lässt, wartet bereits sehnsüchtig auf die Ankunft seiner kurzfristig einbestellten Staatsgäste und begrüßt diese hustend: „Da seids ja endlich, es ist dringend!" Die Vengaboys schauen sich an und nicken. Sie sind bereit – bereit, Österreichs Demokratie wieder einmal zu retten.

„Für einen politischen Neuanfang in Österreich braucht es immer zwei Dinge", erklärt Vengagirl Denise. „Uns, und natürlich Partygiiiirl Numero Unooooo – welcome, Brigi-Biggie-Britte!" Der Beat von „We Like To Party" scheppert aus den Boxen, die Vengaboys zücken ihre Cowboyhüte, während ein Auto in Schlangenlinien auf den Heldenplatz einbiegt.

Bierlein soll es richten
Das Autofenster senkt sich, Brigitte Bierlein grinst mit glasigen Augen heraus. „Hey now, hey now, hear what I say now, happiness is just around the corner, i moch eich den Schas. Her mit der Verfassung und gemmas an." Vengaboy Robin schießt mit einer Konfettikanone in die Luft. Bierlein und Van der Bellen exen ihre Weingläser und tanzen im Konfettiregen. Der Bass lässt drei Fenster der Hofburg zerspringen.

Van der Bellen versucht, wieder einigermaßen staatsmännisch zu wirken, und wischt sich Konfetti von seinem Sakko. Er will die Bestellung der Vengaboys künftig verfassungsrechtlich regeln. „Die Verfassung ist so schön! Sie hat auf alles eine Antwort! Sie wurde so geschrieben, dass ein zweiter Aufstieg eines machtbesessenen Diktators wie Hitler nicht möglich sein kann. Einzig und allein diesen Waldviertler Lausbuben Sebastian Kurz kriegt sie nicht in den Griff!"

Kommt Expertenregierung?
Sollte die ÖVP aus der Regierung ausscheiden, gibt es laut dem einzigen Politikexperten Österreichs, Peter Filzmaier, mehrere Szenarien: „Wenn Sie mich fragen, und Sie können ja eh nur mich fragen, dann ist Rot-Grün-Neos mit Duldung durch Kickl undenkbar. Was sich vielleicht ausgeht, wäre ein totaler Kompromiss, bei dem alle unglücklich sind: Sigi Maurer muss zur FPÖ und Innenministerin werden, Rendi-Wagner macht im Kanzleramt die Doppelspitze mit Doskozil und Kickl geht zu den Grünen, wo er mit Mückstein eine Kassenpraxis für TCM-Medizin und mRNA-Zwangsimpfungen leitet."

Permanente Zusammenarbeit
Schon bald könnten laut Insidern Räumlichkeiten von Martin Ho freiwerden, die von den Vengaboys für die tägliche politische Arbeit genutzt werden können. „Diese ehrenwerten, aufrechten und zutiefst anständigen Boys und Girls müssen hier in Wien bleiben, um die Säulen der Republik aufrecht zu halten", sagt Van der Bellen, während ihm Bierlein einen Tequilashot in die Hand drückt. Der Präsident ext ihn und denkt nach. „Sie brauchen ein Diplomatenvisum, vielleicht sogar eine Vengabotschaft sowie ei– WHOOOOOOAH, WE'RE GOING TO IBIZA", Van der Bellen springt plötzlich auf und grölt mit. Bierlein drückt ihm einen Aperol Spritz in die Hand, Vengagirl Kim setzt ihm einen Cowboyhut auf, Van der Bellen nimmt einen tiefen Lungenzug von seiner Zigarette und schließt lächelnd die Augen. Ekstase pur in der Hofburg!

Inhalt

- 5 Vorwort
- 7 Schon wieder: Demokratieversuch in britischer Ex-Kolonie endet im Bürgerkrieg
- 9 Neun Millionen Pappaufsteller von Kurz angekommen: Impfungen können endlich starten
- 11 „Keiner Schuld bewusst ich bin": Aschbachers Dissertationsbetreuer verteidigt sich
- 13 Vorbild Tschernobyl: WHO fordert Beton-Sarkophag über Tirol
- 15 Schichtbetrieb an Schulen: Lehrer kommen am Vormittag, Schüler am Nachmittag
- 18 Endlich wieder Weltspitze: Österreich meldet höchste Impfrate bei Bürgermeistern
- 21 Nicht mehr reichster Mann der Welt: Jeff Bezos kauft FFP2-Maske in Apotheke
- 23 Dreist: Rollstuhlfahrer stellt sich auf Bürgermeister-Parkplatz
- 25 Verwirrung um FFP2-Masken: Sind „KN95" und „Melitta" zulässig?
- 27 „Mein neues Leben": Reisebericht von Travel-Influencer Jan Marsalek
- 31 „Können wir besser als impfen": Regierung will bis März eine Million Menschen abschieben
- 33 „Nur mein Pferd war bei den Grünen": Van der Bellen distanziert sich von Vergangenheit
- 35 „Corona bricht mir das Genick": Buchhändler gibt auf
- 37 Wegen Mutation: Tirol isoliert zur Sicherheit alle Virologen
- 39 Nach „Virol": Diese Marken muss das Land Tirol ebenfalls schützen lassen
- 41 Verbiegen, verdrehen, umfallen – das Power-Yoga-Workout mit den Grünen
- 44 Gold der Zukunft? Elon Musk kauft 1,5 Milliarden Rabattmarkerl beim Spar
- 46 Auch das noch: Behörden entdecken in Blümels Wohnung Teigtascherlfabrik
- 48 Re-Branding: ÖVP heißt jetzt *Novomatic Plus*
- 50 „Die nächsten Leben werden entscheidend": Anschober wird Buddhist
- 52 FPÖ lässt Bombe platzen: Van der Bellen offenbar heimlich Raucher
- 53 Nach Trennung: Daft Punk nehmen erstmals ihre Helme ab
- 55 Keine Handys, keine E-Mails, keine Festplatten: ÖVP tritt den Amish bei
- 58 Gab es Leben auf dem Mars? NASA-Foto deutet auf untergegangene Zivilisation hin
- 60 Traumwetter: Blümel geht mit Laptop, Flachbildschirm und Drucker spazieren
- 62 Zeugenschutzprogramm: Blümels Laptop ist jetzt Jausenbrett in Vorarlberg
- 64 Ist der Impfstoff wirklich sicher? Mann wird nach Impfung von Auto überfahren
- 66 Raser nur der Anfang: „Zweite Kassa"-Schreier könnten Einkaufswagerl verlieren
- 68 „Ist nur eine Momentaufnahme": Matura-Ergebnis gilt maximal 48 Stunden
- 70 Nein zur Segnung Homosexueller: Kirche bereits mit Kühen und Feuerwehrautos ausgelastet
- 73 Erfolg am Impfbasar: Kurz verhandelt zusätzlich 200 000 Kamele für Österreich
- 75 Mit Corona auf Intensivstation: Kickl fordert Parteiausschluss von Haimbuchner
- 77 Wollte kleine Abkürzung nehmen: Ever Given steckt im Wienfluss fest
- 79 Protokoll: Lehrer Pilnacek bereitet Schüler Gernot auf die Vernehmung

82	ÖBAG sucht Alleinvorstand (m/w/d) – **TAGESPRESSE** Karriere
84	Nach großem Rewe-Erfolg: Niederösterreich wird in *Wien Plus* umbenannt
86	Stelle frei geworden: Thomas Schmid bewirbt sich als neuer Duke of Edinburgh
88	„Was macht der Mann da?": Blümel versteht Konzept des Rücktritts nicht
90	Das sind die zehn wichtigsten Kunstwerke der Menschheit
96	Unleserliche Hausarztunterschrift: Angelobung von Mückstein ist ungültig
98	Doch kein Erdbeben: Doskozil meldet erfolgreichen Atomtest
99	Zu viele Ermittlungen: Staatsanwaltschaft startet Triage
101	Billiger als Sperrholz: IKEA stellt Möbelserie aus Fleisch vor
104	„War nur kurz am Klo": Strache setzt sich in FPÖ-Fraktion und tut so, als wär nix passiert
106	„Liebe unfähige Pamela": Der Doskozil-Brief im Wortlaut
108	T24 EXKLUSIV: Schwere Sex-Vorwürfe gegen versexten Grapsch-Herausgeber Wolfgang F.
111	Nach Scheidung: Bill Gates darf Büroklammer nur mehr jedes zweite Wochenende sehen
113	Nach Selbstfindungstrip in Indien: Tiroler Kuh schleppt Virus-Variante ein
115	Liste: Elf Dinge, für die Österreich mehr Geld ausgibt als für den Frauenschutz
122	Riesenpech: Chinesische Raketentrümmer landen genau auf Laptop von Blümel
124	Wegen Ermittlungen gegen Kanzler: Blümels Frau geht mit Kurz spazieren
126	„Mein Sohn kann wegen Schnupfen nicht mehr am Ausschuss teilnehmen": Kurz liest Entschuldigung von Mutter vor
128	Politischer Neustart: Strache tritt bei ÖH-Wahlen an
130	Konflikt mit Slytherin: Kanzleramt hisst Flagge von Gryffindor
132	Genial: Simpsons prophezeiten Machtkampf in FPÖ bereits im Jahr 2000
134	Bei Corona-Tests bewährt: Auch negative Alko-Tests ab sofort 72 Stunden gültig
136	Für sicheren Weg zur Arbeit: Thomas Schmid trägt jetzt Pöbel-Defender 3000
138	„Hab dich nur mehr mittelgern": Hofer jagt Kickl mit Rasentraktor durch Wien
140	Nach Karlsplatz-Räumung: ÖVP präsentiert „Jugendlichen-Landkarte"
142	Nach Absturz im Ranking: Wien Tourismus präsentiert 13 neue Slogans
147	„Die bürgern dich sonst aus!": Alaba hält Arnautović davon ab, sich türkises Dress vom Leib zu reißen
149	Um UEFA-Ermittlungen zu verzögern: Blümels Frau geht mit Arnautović spazieren
151	Historischer Erfolg: Foda entdeckt fernes Reich jenseits der Mittellinie
154	22 verschwitzte Männer, die sich berühren: UEFA prüft alle Teams wegen homosexueller Propaganda
156	Spazieren reicht nicht mehr: Blümels Frau geht mit Laptop Jakobsweg
158	„Inhalte nicht erkannt": Sogar USB-Stick verweigert Rendi-Wagner die Unterstützung
160	Tornado in Tschechien, 48 Grad in Kanada, Dürre in Wien: Wer stoppt Marcus Wadsak?
162	Verzögerungstaktik? Kurz liest im U-Ausschuss alle sieben Harry-Potter-Bände vor
164	„Damit Arbeitslose Arsch hochkriegen": Kocher entlässt eine Million Schlangen in Kanalisation

166 Rekordhitze: Ausgetrockneter Neusiedler See legt erstmals Tor zur Hölle frei
168 Purer Alptraum: Rendi-Wagner entdeckt Hans Peter Doskozil in Toilette
170 Gegen Hitze: Betonglocke soll Wien künftig vor Sonneneinstrahlung schützen
172 Verschärfung: Club-Besuche nur noch für Mückstein erlaubt
174 „Sonne scheint schon wieder": Kurz erklärt Klimakrise für beendet
176 Im Urlaubsflieger: Vor Rendi-Wagner sitzender Doskozil klappt Rückenlehne zurück
178 U-Ausschuss zu Ende: Kurz lässt angeleinten Hanger vor Supermarkt zurück
180 Impfzuckerl: Geimpfte erhalten Schutz vor tödlicher Krankheit gratis dazu
182 Um Impfrate zu erhöhen: Regierung holt internationale Experten
184 Fünfzig Kilometer Sudern, Anfechten: In diesen Olympia-Disziplinen hat Österreich Medaillenchancen
186 Jö-Bonusclub lenkt ein: Kunden können ihre Daten jederzeit in Mordor zerstören
188 „Einer Demokratie nicht würdig": Nordkoreanisches TV kritisiert ORF-Wahl
190 Statt Abschiebeflügen: Regierung verlängert 1-2-3-Ticket bis Afghanistan
192 Taliban planen Erbschaftssteuer: ÖVP stoppt Abschiebungen nach Kabul
194 Nach Ausflug in die Virologie: Acht Millionen Österreicher jetzt wieder Nahostexperten
196 Wilde, sehr sichere Schönheit: Mit Reiseblogger Karl Nehammer durch Afghanistan
200 Damit Impfgegner sich wie daheim fühlen: Intensivstationen bekommen Servus TV
202 Nach allen Achttausendern: Reinhold Messner erreicht als erster Mensch die MA 35
204 „Dürfen nicht mehr tatenlos zusehen": Schallenberg will jetzt tatenlos wegsehen
206 Mit Sneakers wandern gegangen: Mückstein von Großglockner gerettet
208 Besser als alle anderen: Musterschüler (35) hat Pandemie schon siebenmal gemeistert
210 „Bin die Neue in der Klasse": Delta-Variante hat heute ersten Schultag
212 Zeichen für Menschenrechte: ÖFB-Team boykottiert WM in Katar
214 Um Platz für Impfgegner zu machen: Patientin verschiebt Schlaganfall auf Juni 2022
216 Säbelrasseln: Nordkorea testet oberösterreichische Eierschwammerl
219 Forscher sicher: Wegscheider aus Labor in Wuhan entkommen
221 Null Toleranz gegen Einzelfälle: Kickl will geimpfte FPÖler aus Partei werfen
223 „Alter Opa hat mich abgelenkt": Kurz verfehlt wegen Biden-Rede Candy-Crush-Rekord
225 „Gottes Inquisitionsservice": Kirche gründet eigene GIS, um Beiträge einzutreiben
227 Chaos am Grazer Flughafen: ÖVP-Funktionäre flüchten vor Kommunisten
229 Wahlsprengel-Analyse: MFG-Partei besonders stark in Intensivstationen
231 Dank Brexit: Großbritannien gelingt Ausstieg aus fossilen Brennstoffen
233 September vorbei, aber Geimpfte noch am Leben: Bekamen sie nur Placebo?
235 „Es ist dringend": Van der Bellen beruft Vengaboys ein